阿毛税官丛书

构建广告业税源监控与评价体系研究

北京市地方税务局第一稽查局
首都经济贸易大学税收研究所　编著

中国财政经济出版社

图书在版编目（CIP）数据

构建广告业税源监控与评价体系研究/北京市地方税务局第一稽查局，首都经济贸易大学税收研究所编著. —北京：中国财政经济出版社，2005.6

ISBN 7-5005-8359-1

Ⅰ.构… Ⅱ.①北…②首… Ⅲ.广告业-税收管理-研究-中国 Ⅳ.F812.42

中国版本图书馆 CIP 数据核字（2005）第 066332 号

中国财政经济出版社 出版

URL：http：//www.cfeph.cn

E-mail：cfeph @ cfeph.cn

社址：北京市海淀区阜成路甲 28 号 邮政编码：100036

发行处电话：88190406 财经书店电话：64033436

北京财经印刷厂印刷 各地新华书店经销

787×1092毫米 16 开 8.75 印张 82 000 字

2005 年 6 月第 1 版 2005 年 6 月北京第 1 次印刷

定价：28.00 元

ISBN 7-5005-8359-1/F·7295

（图书出现印装问题，本社负责调换）

序

税源监控好才能“应收尽收”——从中华人民共和国税务机关设立的那天起，就是税收管理的基本理念。然而在税收任务的压力下，我们过去却不得不把大量的精力和管理功能用在监税源“尽收”上：狠抓专案检查、严抓日常检查、大抓行业检查、甚至为完成任务寅吃卯粮。但对税源的控“应收”则研究不够、成规不够。

新一届中共中央委员会提出树立科学发展观及构建和谐社会理论，为税收管理和掌握经济活动中的税源变化奠定了理论基础，该是下力气抓税源“应收”监控研究的时候了。

值此时刻，北京市地方税务局第一稽查局和北京市首都经贸大学税收研究所联合开辟专题，耗时三年从理论和实践的结合上对中国广告业税源监控进行研究，成就此书。把其难得的广告业税源监控体系及方法技术公布给税界同仁交流使用。

此书内容曾在中国税务信息网阿毛税官论坛内开展过讨论，反映十分强烈。大家对这样精细地切入到行业经营环节中，抽丝剥茧式地寻找税源流程及形成，并概括为若干量化可控模型的研究方式十分认可。感到是为税收征管从监“尽收”走向控“应收”提供了一个很好的专题范例。

此书出版之际，恰遇北京市地方税务局第一稽查局建局十周年，这也是我们献上的庆贺礼物。同时我还要特别感谢第一稽查局朱元广局长，没有他的支持，本课题的完成和出版都是不可能的。

本课题组的组长：郝如玉、朱元广；成员：左春锋、蔡磊、高洁、石斌、郭顺民、于子洋、李岚、高海娜、金志训(韩国国税总局)、刘冠亚、何少武等。

郝如玉（全国政协委员；中国注册税务师协会副会长；北京市人大常委、首都经济贸易大学副校长、税收研究所所长、教授、博士生导师）

2005 年 6 月 8 日

前言

为认真落实科学的发展观，构建社会主义和谐社会，实现“把第一稽查局建设成为北京地方税务机关工作典范的窗口和全国稽查系统工作的标杆”的宏伟目标，充分发掘各方潜力、汇聚各方资源，为首都经济的健康发展服务，为北京市财政收入提供不竭的税源，第一稽查局坚持“规范与效率”并举，积极拓展税源管理的渠道，不断丰富税收工作的内涵，适时重新整合了机构设置，成立专业纳税评估部门，积极开展对纳税评估的探索。

纳税评估是一项全新的税收管理方式，它不但能够在实际工作中发现税收征管制度中存在的问题，而且，能够为税务稽查提供有价值的案源，降低稽查成本，提高稽查工作质量，确保税收及时入库，提升稽查的威慑力，维护税收的严肃性。

第一稽查局与首都经济贸易大学共同合作，组成调研课题组，积极开展对广告业纳税评估工作的理论探索，共同编写出版了《构建广告业税源监控与评价体系研究》，从“广告业的一般概念”、“现行广告业的财务管理制度和会计核算方法”与“从税收角度对北京市广告业进行调查研究的情况报告”以及“建立广告业纳税评估工作方式的尝试与构建相应数学模型的设想”四大方面入手，对广告业税源监控的现状与未来进行了细致的研究和探讨。充分体现以人性化的管理为核心，尊重和维护纳税人的合法权益，规范税收执法行为，实现税务稽查管理的集约化、科学化，是对税收工作的有力推动，同时对庆祝第一稽查局成立十周年也具有十分特殊的意义。

本次课题研究是在第一稽查局党组的领导下，精心策划、组织完成的，同时得到了首都经济贸易大学郝如玉教授等师生的大力支持，在此表示衷心的感谢！

此课题在研究过程中，虽经反复推敲、竭尽努力，但因水平有限，难免出现纰漏，不当之处恳请大家提出宝贵意见和建议，以便更好地适用地税稽查事业的发展和不断改进我们的工作！

朱元广

（北京市地方税务局第一稽查局局长）

2005 年 6 月 8 日

阿毛税官丛书

构建广告业税源监控与评价体系研究

编著

北京市地方税务局第一稽查局
首都经济贸易大学税收研究所
课题组

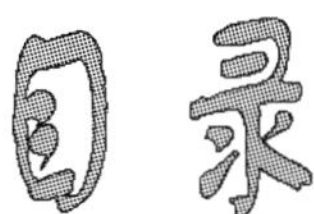

第一部分
广告业的一般研究

一、广告的基本概念及分类

（一）广告的定义

广告是指商品经营者或者服务提供者承担费用，通过一定媒介和形式直接或者间接地介绍自己所推销的商品或者所提供的服务的商业广告。

（二）广告的分类

对广告的分类方法有很多，常见的分类依据是按广告的目的分类和按广告媒体分类。

按目的分类，可分为营利性广告和非营利性广告。营利性广告，又称商业广告或经济广告。它是指企业或个人为了推销商品或提供收取费用的服务所做的广告。非营利性广告，又称社会广告或非经济广告。一般是指具有非营利性目的并通过一定的媒体而发布的广告，如寻人启事、招聘、征婚、挂失等以及政府、社会团体或企事业单位的会议通知、公告和通告等。按媒体分类，分为报纸广告、杂志广告、广播广告、电视广告、户外广告、交通广告、电影广告、在报纸和杂志中加入的传单广告、比赛项目广告等，其中报纸、杂志广告等称为印刷媒体广告，广播、电视广告等称为电子媒体广告。

二、广告业的组织与管理

（一）现代广告活动的过程

广告业发展到现在，正在向专业化、科学化、艺术化发展，整个广告的运作过程中也出现越来越细致的分工。一般来说，一项广告活动要经历从市场调查到广告评估九个环节，如图 1－1 所示。

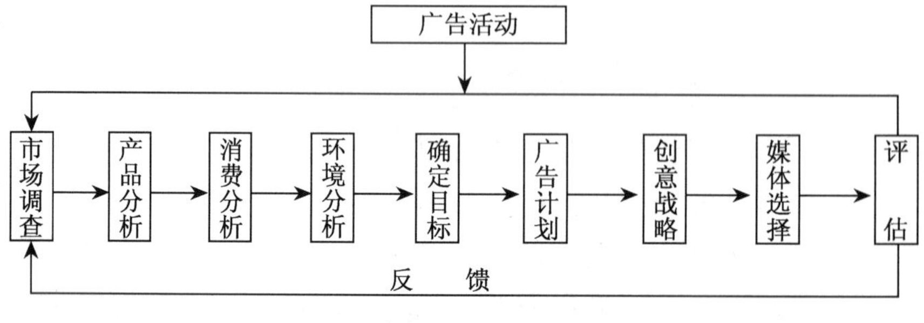

图 1－1

（二）现代广告运作过程中的三大主体

在现代广告运作过程中，离不开广告主、广告代理公司和广告媒体这三大要素，它们构成广告活动中的组织结构，简称为广告组织。没有这些广告组织，广告活动也就失去了生存与发展的依托。正因为如此，人们将广告主、广告代理公司、广告媒体称为广告市场的主体。

1. 广告主是指为推销商品或服务，自行或者委托他人设计、制作、发布广告的法人、其他经济组织或者个人。广告主负责提供市场及商品资料给广告代理公司，监督广告公司的运作过程以及验收广告成品。

2. 广告代理公司，又称广告公司，是指依法成立的专门从事广告经营服务的企业。详细地说，广告公司是指介于广告客户和广告媒体单位之间，专门从事广告策划、设计、制作、代理、咨询以及某些发布等活动，并具有企业法人地位的经济组织。它们扮演着广告主与广告媒体之间沟通桥梁的角色。

根据广告公司的服务功能和经营范围,可将广告公司分为全面服务型公司与部分服务型公司两大类。(1)全面服务型广告公司,又称全能型专业广告公司。这种类型的广告公司拥有各种专门广告人才和先进设备，具有市场调查、研究分析、策划、咨询的能力和健全的专业机构，可为广告客户提供广告活动全过程、全方位的综合性服务。(2) 部分服务型广告公司，也称部分功能型专业广告公司。这种类型的广告公司在广告经营活动中，依靠其某方面专门的独特能力承担部分拥有其优势特长的广告经营业务。一般地说，这类广告公司规模不大，经营范围比较狭窄，具有一项或几项服务功能，如只承担设计、制作广告工作，只承担制作、代理、发布路牌广告等。从总体来看，这类广告公司尚居初级水平的广告经营者。但由于其只承担专项广告工作，有的专业化服务水平却能达到高的水准。这类广告公司数量庞大，或与全面服务型广告公司在业务上构成相互协作关系，或与媒体单位紧密挂钩，纯粹从事广告代理的经纪人工作，其专业化服务可满足部分广告的特殊要求，因而是广告经营行业的一支辅助力量和拾遗补缺者，在广告市场上仍占有重要的一席之地。这类广告公司以中小型或小型为主，按其承担的具体业务的不同，还可细分为以下三种类型：

一是创作制作型广告公司。这种广告公司，通常只承担广告作品的创作与制作业务，不承担广告策划代理与发布。例如，美术社、摄影社、装联社等。

二是媒体代理型广告公司。这种广告公司，一般只承担广告客户与广告媒体之间的联系业务，或为广告媒体寻找广告客户，或为广告客户寻找广告媒体，本身不承担广告的策划、创作和设计、制作，即通常所说的广告经纪商或“广告皮包公司”。

三是制作代理混合型广告公司。这种广告公司，有的以创作、制作为主，兼做简单的广告调查、策划或代理联系；有的以代理联系为主，兼做些设计制作业务。

3. 广告媒体是指为广告主或者广告主委托的广告代理公司发布的法人或者其他经济组织。电视、广播、报纸、杂志等都是传播广告信息的媒介物。

在广告业的发展中，这三大主体并不一定是泾渭分明的，它们之间存在互相交叉重叠的复杂关系。主要有三种情况：（1）广告主即是广告代理公司：规模比较大、专业性较强的广告主，基于工作效率和成本费用的考虑，往往公司内部成立广告代理部门（In—House Agency），专门处理本企业的广告策划、广告发布等事务。(2) 广告媒体即广告代表：简单的广告设计，不必大费周折地经由广告代理之手，例如，普通大众刊播分类广告时，报社提供打字、编排等完稿服务，此乃媒体即广告代理的例证。(3) 广告媒体即广告主：媒体为自己做广告，如电视节目预报，即属于此种类型。

(三) 现代广告运作的基本模式

广告运作是指在现代广告中广告发起、规划、执行的全过程，由广告主、广告代理商和广告媒体共同完成这个过程，三者密切合作，形成现代广告最基本的运作模式，如图 1–2 所示。

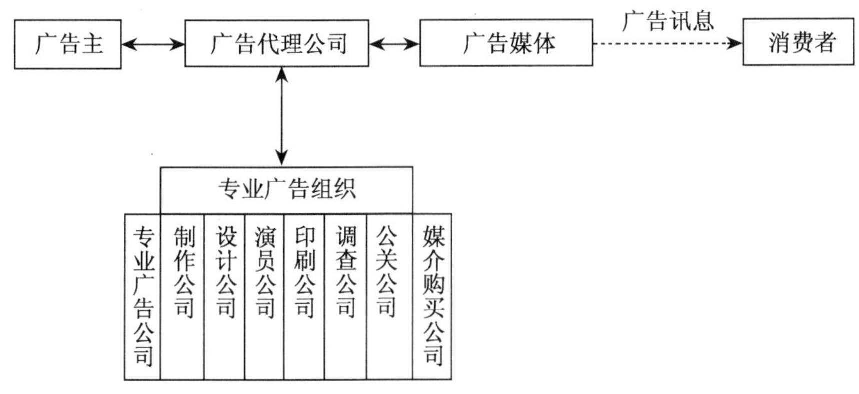

图 1–2

现代广告运作中，广告主是广告的发起者，它们根据自身营销的需要发起广告，并且承担广告目标、广告进程、广告费用的总体设计和管理的任务；广告代理商是广告的规划者，它们受广告主的委托，依据广告主的要求，负责制定广告策略、制定广告运作和广告活动的具体计划、创意设计广告作品并且提交广告媒体发布；广告媒体是广告的发布者，它们主要承担将广告信息传达给消费者的任务。

在广告主体中处于核心地位的应该是广告代理公司。我们透过广告代理公司的作业程序，可以简约了解广告主、广告代理公司、广告媒体之间的分工与合作的关系。为了更加清楚地说明三大主体之间的经济往来关系，可以举一个例子。

假设某汽车制造厂（即广告主）雇请一家广告代理公司负责其广告计划及其实施。首先广告主会指明其广告计划的目的和费用。然后，广告代理公司开始准备广告计划，选择广告媒体，安排媒体档期或位置，而所有这些决策或处理都必须经过广告主的认可。虽然广告代理公司受雇于广告主，也为广告主工作，但需由广告媒体付给广告代理公司佣金，以酬谢其将本媒体推荐给广告主。如今，这项佣金通常约为媒介刊播时间或空间费用的 15%。具体操作是这样的，假设某一报纸刊出广告费用 100 美元。当广告付款后，报社便将账单送交给广告代理公司，代理公司再送给广告主，广告主于支付 100 美元给广告代理商，而广告代理商仅付报社 85 美元，保留 15%，即 15 美元作为佣金。因此，广告代理公司大部分时间和工作虽然是为广告主做的，但却由广告媒体付给酬金。关于三者之间的关系，我们通过图 1 - 3 可以了解得更清楚：

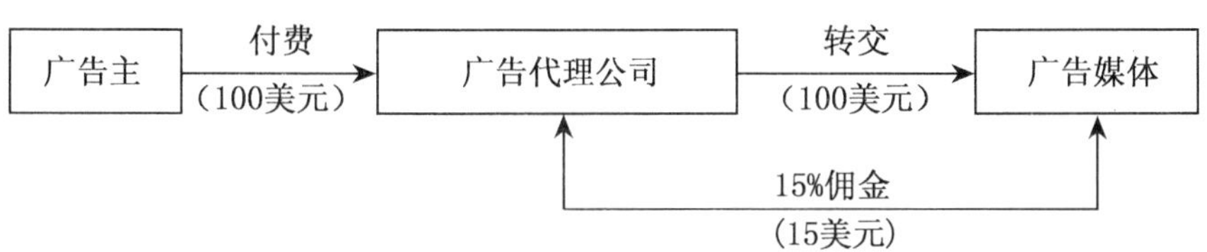

图 1－3　广告代理公司、广告主、广告媒体之间的运作

三、广告代理制度

（一）广告代理制度的产生

广告代理制度，是指具有完善代理机构的广告公司代替个人代理广告业务的一种广告经营方式。广告代理制度是广告业的一场革命性变革，它推动了广告业的规模向大型化、国际化发展。

现代广告代理制度经历了业务员制度、小型广告代理阶段。

1. 业务员制度。在报纸产生的初期，商界人士就发现了它在传播商业信息方面的作用，遂利用报纸刊登商务启事和商品销售的消息。报纸由于刊登这类简单的广告增加了收入，它们也愿承办这样的业务。报社为了扩大这项业务，就选派专门人员负责向工商企业征订广告，这就是所谓的业务员制度。在报纸采用这种制度的同时，杂志和以后出现的广播电台，也相继采用了这一制度。

业务员制度推动了广告业的发展，它的主要优点是：业务员实行佣金制，既不增加报社的人事开支，又能调动业务员的工作积极性；由于业务员的积极宣传，加深了广大消费者对媒体的认识；业务员开发了许多广告，使广告的数量大量增加。

业务员制度存在的问题是：业务员多数只凭自己的口才说服广告主刊播广告，而不能随时代而进步，运用现代广告原理和技术使广告业务主信服，业务员势单力薄；没有能力广泛搜集和提供各种市场信息；业务员为了拉到广告，说服的言辞不适当，影响媒介单位与广告主之间的关系；媒介单位多、每个单位都派出若干个业务员，使广告主不堪其烦；各媒介单位各自为广告主刊登广告，无法开展大规模的广告活动。

2. 小型广告代理阶段。由于业务员制度存在上述缺点，无法满足广告日益发展的需要。为了适应不断变化的形势，业务员就相互联合，创建了若干个广告社。广告社汇集了一批广告业务人员，他们在一起知识互补，提高了广告设计制作能力，提供了较多的市场情报资料。因此广告社比广告业务员对广告主更有吸引力，这为广告社拓展业务提供了有利条件。这时广告社不仅为某一媒介单位争取广告，还可以为几家媒介单位争取广告。广告社是小型广告代理机构，是广告代理制度的萌芽。

在小型广告代理阶段，广告代理机构在为广告主提供市场情报、广告设计技巧方面，比以前有了一些进步。但由于广告社的规模小、专业分工不细，还无法承担整体广告代理的责任。在工商界的推动下，广告社逐步扩大组织机构，增加各类专业人员，逐步发展成为大型广告公司，形成了一套完整的广告代理制度。

3. 我国目前广告代理公司的现状。在目前的广告业市场中，广告代理公司可分为两大类型：

第一种类型是大型垄断的广告代理公司。这种类型的代理公司往往是在广告代理制推行初期，在媒体单位所属负责广告业务部门的基础上成立的，它们与原媒体单位有着紧密的联系，有的甚至连资产也不分，几乎就是原班人马，换块牌子。我国一些主要新闻传播媒体由于历史和体制的原因，在广告经营中常常处于一种特殊的地位，即带有明显的垄断性。这类代理公司由于依托处于垄断地位的媒体，业务比较稳定，有一定的经营规模，在广告市场份额中占较大比例，所纳税款约占整个行业的60%以上。同时也是由于它们同媒体的特殊关系，使得这类代理公司拥有“近水楼台先得月”的特权，从而使它们的性质由中介向中介垄断发展。

第二种类型是小型的广告代理公司。这种类型的代理公司规模小，有的仅两三个人，人员素质很难保证。且数量众多，目前仍以较高的速度增长。这类公司的经营不够稳定，常常要依靠同大型代理公司的多级代理业务生存。小型的广告代理公司虽然数量众多，但上缴的广告税在整个广告行业中所占比重并不高。

（二）现代广告代理制

现代广告代理制最大的特点就是强调广告业内部合理分工、各司其职、互相合作、共同发展。广告公司通过为广告主和媒介提供双重的服务发挥主导作用。广告代理制运行的规则如图1－4所示。

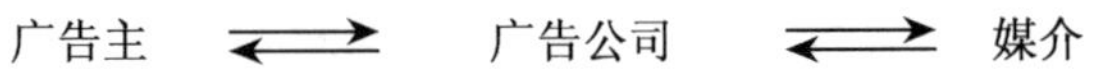

广告主 ⇄ 广告公司 ⇄ 媒介

图1－4

广告主、广告公司、媒介是广告市场中最基本的组成要素。在广告代理体制下，它们三者的分工是：

1. 广告主。随着科技进步和社会生产力的发展，社会产品、服务与日俱增，花色品种层出不穷，企业之间的竞争越来越激烈。在激烈的市场竞争中，企业要生存、发展，就必须使自己的产品或服务占领市场，而要做到这一点，单靠企业自己的力量显然是有限的，它必须依靠和委托有能力的广告代理公司，为其提供专门的广告策划和市场营销服务。

2. 广告公司。在广告代理制下，广告公司的主要职能是为客户提供以策划为主导、市场调查为基础、创意为中心、媒介选择为实施手段的全方位、立体化服务，并在整个广告流程中配以公关、展览、促销等手段与营销进行密切配合，最后还要监督制作，对反馈信息进行再度搜集整理等等。从另一方面来讲，广告公司也在为媒介承揽广告业务，有实力的广告公司还可以从媒介购买时段和版位。广告公司就是这样通过为广告主和媒介提供双重服务，发挥自己独特作用的。

3. 媒介。媒介的主要功能是发布各种真实有效的信息。在广告代理制下，媒介发布广告和向广告公司提供必要的媒介动态与刊登机会。媒介的广告收益则由广告公司保证。例如，广告主因故拖延或未付广告费，那么广告费损失应由广告公司承担，媒介可以不承担经济风险。

（三）广告代理制的意义

广告代理制作为广告业发展到一定阶段的产物，是衡量一个国家的广告业是否走向成熟的主要标志之一。在西方经济发达国家，广告业都已走向广告代理制的轨道。广告主和广告业务一般委托广告公司全面策划代理。媒介只与广告公司打交道，除分类广告外，不再直接承揽广告业务。

广告代理制的重要意义主要体现在：

1. 广告代理制适应了广告业中专业化分工发展的需要，市场经济越发展，与之相适应的广告业中专业化分工就越细，正是这种分工促进了广告专业水平的提高。

2. 广告代理制强调了专业广告公司在广告活动中的主导作用，使其能超越不同媒介的特点，向客户提供全面的优质服务。

3. 广告代理制还可以消除企业广告无整体计划、效益欠佳的种种弊端，帮助企业科学合理地使用有限的广告费，收到较好的广告效果。同时，广告代理制还有助于企业摆脱“关系广告”、“家长意志广告”、“权力广告”、“摊派广告”等，有效地消除广告行业中的不正之风，从而使纷乱的广告市场得到治理，使现代广告遵循科学的规律，加速发展，并为市场经济提供优质的服务。

4. 广告代理制有利于广告行业参与国际广告业

竞争。

四、我国广告业发展的基本现状

（一）我国广告业组织管理结构（如图1－5所示）

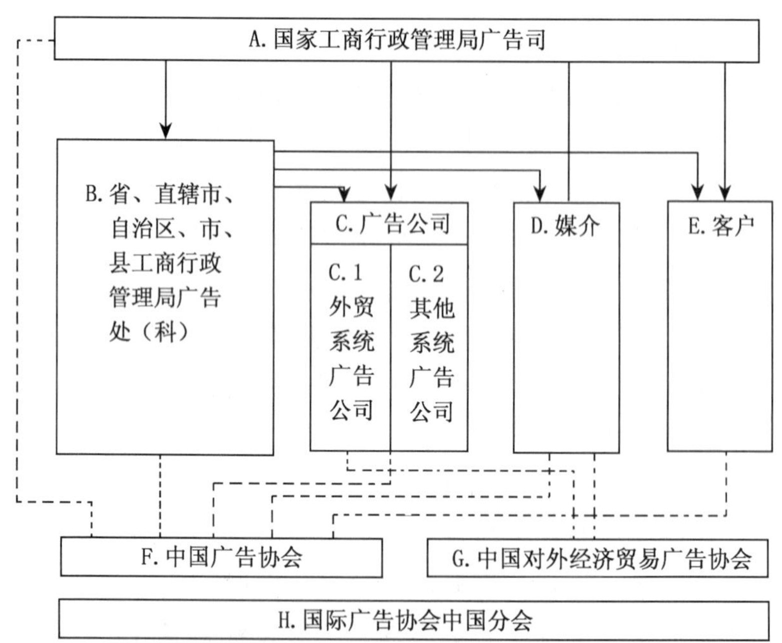

图1－5　中国广告业结构图

（二）我国广告业管理制度

1. 代理制度。广告代理属于民事代理的一种，它是指广告经营者在广告被代理人（广告客户或其他广告经营者）授予的代理权限内为完成广告被代理人委托办理的广告事项，以广告被代理人的名义与第三人进行的广告交易活动。依据委托的事项不同，广告代理可分为全权代理和部分代理。全权代理是指广告经营者为广告被代理人完成产品广告全过程的策划工作，包括市场调查、设计、制作、发布、效果反馈。部分代理是指广告经营者为广告被代理人完成产品广告全过程中某个部分或几个部分的工作，如代理发布。

广告代理除具备民事代理活动所具有的特征外，还具有下列特征：

(1) 广告代理人是特定的。能够接受广告被代理人委托从事广告代理业务活动的单位或个人，必须是经工商行政管理机关核准登记注册，并且经营范围含有广告代理项目的广告经营者。未经核准登记注册从事广告代理活动的，属非法经营广告业务的行为。

(2) 广告代理属于广告经营行为的一种并且是有偿的。在广告经营者完成广告代理事项后，被代理人要向代理人支付法律规定的酬金。

广告管理法规根据广告代理的特殊性，在《民法通则》关于代理法律规定的基础上，对广告代理做出以下特殊规定：(1) 经营广告代理业务，应当按照《广告管理条例》和国家有关登记法规的规定，向工商行政管理机关办理申请登记手续，经工商行政管理机关核准登记注册后，方可从事广告代理活动。(2) 广告经营者代理广告业务，应当与被代理人签订书面合同，明确各方的责任。(3) 广告媒介单位经过工商行政管理机关核准，可以代理同类媒介的广告业务，但不得跨媒介代理广告业务。(4) 广告经营者接受广告代理业务时，应当查验被代理人提供的证明文件，审查广告内容。对无合法证明、证明不全或内容不实、违法的广告，不得代理。(5) 严格按照广告管理法规规定的标准，支付广告代理费。承办国内广告业务的代理费，按照全部广告费的10%支付；承办外商来华广告付给的外商代理费，按照全部广告费的15%支付，不得随意抬高或降低。(6) 在经营广告代理业务活动中，不得实施垄断和不正当竞争行为。

2. 收费制度。广告收费制度指广告管理机关会同有关职能部门对广告经营者在设计、制作、代理、发布等广告经营服务项目中的收费行为的合法性进行管理的制度。目前，我国对广告收费的管理实行国家定价管理和备案价格管理相结合的原则。

对广告收费管理制度的内容主要是：(1) 广告经营者的收费项目和标准应由国家制订或由经营者制订报管理部门备案，不能擅自设立收费项目和制订标准。(2) 广告经营者在合法的收费项目上，要遵守国家的法律、法规和有关规定，遵守商业道德。(3) 广告经营者收费行为在程序上要合法。

广告管理法规中对广告收费的管理表现在：(1)《广告管理条例》第十四条规定："广告收费标准，由广告经营者制订，报当地广告管理机关和物价管理机关备案。"根据这一规定，广告经营者可以根据各自的服务成本、服务质量、服务效果、服务信誉和市场需求等因素制订各自的收费标准。由于提供的服务水平的差异，不同的广告经营者在同一服务项目上的收费标准也会有所不同；但不论标准如何，广告经营者必须将其报所在地工商行政管理机关和物价管理机关备案。(2)《广告管理条例》第十五条规定："广告业务代理费标准，由国家工商行政管理机关会同国家物价管理机关制订。户外广告场地费、建筑物占用费的收费标准，由当地工商行政管理机关会同物价、城建部门协商制订，报当地人民政府批准。"《广告管理条例施行细则》第十六条规定："承办国内广告业务的代理费，为广告费的10%，承办外商来华广告付给外商的代理费，为广告费的15%。"根据这一规定，广告业务代理的标准是法定的，具有全国统一性。户外广告场地费、建筑物占用费的收费标准，由于地区之间经济、文化发展的差异、场地的地理位置、建筑物的醒目程度等因素的影响，在不同地区、不同地域会有所不同，但一经批准实行，任何单位或个人不得擅自改变。

3.审查制度。广告审查制度指广告在交付承办(设计、制作、代理、发布)之前，广告内容必须经过检查核对，并将检查核对意见和结论以一定形式表示出来的规则。广告审查制度是保证广告真实合法的一项重要法律制度和管理制度。参加广告审查法律关系的主体包括广告客户、广告经营者、广告证明出具机关。广告客户在委托广告经营者办理广告业务之前，应当审查自身广告是否真实合法，并办理和准备好应当提交和交验的广告证明文件；广告证明出具机关在依广告客户申请，办理广告证明文件出具手续时，应当对广告内容进行审查。经审查合格的，方可出具证明文件。

广告审查的范围包括三个方面：(1) 审查广告客户的主体资格，查看广告客户有无做某项内容广告的权利能力和行为能力。当广告内容所涉及的事项超出广告客户的权利能力和行为能力范围时，做出不予出具证明或承办的决定。(2) 审查广告内容及其表现形式。查看广告是否含有违反广告管理法规和国家其他法律、法规规定的内容，查看广告内容的表现形式是否违反广告管理法规和国家其他法律、法规的规定。凡广告中含有违反国家法律、法规内容和表现形式的，做出不予出具证明或承办的决定。(3) 审查证明文件，查验广告客户应当提交和交验的证明文件是否真实、合法、有效。当证明文件不符合法律、法规规定的要求时，做出不予承办或出具证明的结论。

广告审查的基本方法有两种：一是依据广告管理法规审查；二是依据证明文件审查。

广告经营者审查广告的程序分为四个阶段：(1) 承接登记。对委托办理广告业务的客户，首先将其基本情况（名称、地址、法定代表人姓名、职务、广告联系人姓名、职务等）和广告内容、提交和交验的广告证明记录在案。(2) 初审。广告审查人员依据广告管理法规和客户提交和交验的证明文件对广告进行审查，做出审查是否合格的结论意见，并记录在案。(3) 复审。广告业务负责人对经过初审的广告，再次进行审查，最终做出审查是否合格，是否接受广告客户委托办理的广告业务的决定，并签署意见。(4) 建档。有关承接登记和审查过程的记录材料在决定承办或不予承办后，按照一定规则将上述材料归档，以备查验。

广告经营者未依法审查广告就承办广告业务的，要承担由此引起的法律责任，除行政法律责任外，凡由此给用户和消费者及其他人造成损害的，承担连带赔偿责任，情节严重，构成犯罪的，承担刑事责任。广告证明出具机关因审查不严或未进行审查就出具证明的，要承担出具非法或虚假证明的法律责任，由此给用户和消费者及其他人造成损害的，承担连带赔偿责任。

五、对广告业媒体的分类考察

报纸、杂志、广播和电视，是广告传播最为常用的媒介，通常被称为四大广告媒介，而今网络广告也骤然兴起。这几种广告媒介都属于大众传播媒介，但是其传播方式、手段、功能等都有所不同，所具备的特点也是不一样的。

（一）报纸

1. 报纸媒体的优点。

报纸是以刊载新闻和新闻评论为主的、定期的、用印刷符号传递信息的连续出版物，一般以散页形式出现。报纸主要有如下几个传播特点：

（1）报纸发行区域广泛，能确实送达读者手中。我国主要报纸均通过邮政部门发行，其发行网遍及城乡，每天能及时地将报纸送达订户的手中，使广告充分产生效用。其他印刷品广告就很难如此严格地做到这一点。

报纸发行地区划分明显，可供广告主选择运用。这种地域的灵活性，对那些试销新产品的企业，尤其有利。它们可以暂不进行全国性的广告宣传，而先进行局部地区的试验，这就节省了时间、人力和财力。多数报纸都有广大的覆盖率，便于新产品投入竞争，并能获得较快的广告效果。

（2）报纸的定期读者层多，读者每月必读，能保证对固定的顾客作反复诉求，有力地把握消费者。近些年来，我国报纸虽呈现专业化趋向，但多数报纸的内容仍具有综合性，尽量适合较广泛的读者层，所以，不论以任何消费群体为销售对象，选用报纸为广告媒体，均能收效。

（3）报纸是刊登有时间性广告的最佳媒体。因报纸系天天出版或一天出版两次（晨报、晚报）。商业与服务广告中，有不少是“时间性”很强的，如因气候、货源情况变化，或遗失支票声明作废的广告等，选用报纸媒体最理想有效。报纸广告改稿也比较方便，当广告稿送到报社广告部门即将刊出以前，广告主突然想起某些问题或遇某种临时变化，希望将原稿稍加修正，只要赶在制版开印前，报社均可接受改正。

（4）报纸上的新闻内容为读者所信任，与新闻同时刊登的广告也因而具有较高的可信度。一般消费者对于广告普遍存有逆反心理，即使内容完全真实的广告，消费者阅读后，仍会有若干存疑。刊登在具有权威性的报纸上的广告，可以减低消费者的部分抗拒心理。其原因是，消费者爱屋及乌，基于重视报纸所报道与评论的新闻，兼及广告。

政府机关与社会团体经常利用报纸的广告版位刊登公告，提高了报纸广告的地位和价值。公告虽然也是广告的一种，然而其性质和商业广告有很大差别。公告的内容是真实而正确的，不致令人置疑。机关团体利用报纸刊登公告，显示了对报纸传播功效的信任，因此在客观上增进了报纸广告的价值。

（5）报纸刊登的一切内容，无阅读时间的限制。读者可以速阅快读，一带而过；也可以细阅慢读，看了一遍再看一遍，甚至还可以剪贴保存。一则广告刊登在报纸上，倘能吸引消费者详细阅读，一定能产生良好的广告效果。

（6）报纸版面大，篇幅多，可供广告主充分利用。凡需要向消费者作详细说明的广告，最好利用报纸。只有报纸才能提供又多又大的版位，让广告详细传达其内容，或做声势动人的“强效性”宣传攻势。目前，在报纸上经常可看到全页的大面积广告，还有以跨页大面积刊出的。新商品上市，必须对消费者详细解释与说明有关商品的一切，这是大面积广告产生的原因。连锁性商店的兴起，一则大面积广告能使各地的连锁性商店同时受益也是这类广告不断增加的另一原因。由于具有这种功能，报纸被认为是“解释力最强”的广告媒体。

2. 报纸媒体的局限性。

（1）寿命短。报纸广告的有效时间往往只有一天或半天。很多读者翻阅一遍以后，即搁置一边。报纸上出版时间的年月日，标写非常明显。每天，在晚报出版时，晨报就等于失去了时间性。入夜人们就寝后，晚报的时间性也等于消失了。读者阅读前一天的报纸上的新闻和广告，就会产生陈旧之感，其吸引力和价值则大大降低。

（2）阅读仓促。现代社会，人们生活节奏加快，视时间为金钱，无暇详细翻阅报纸，更会忽略阅读报纸上的广告。

（3）形象表达手段欠佳。报纸的印刷，目前我国仍以黑白印刷为主，个别报纸虽已采用彩色印刷，但印刷质量还不够精致。所以，报纸广告在表现商品形象方面，远远不如杂志。尤其是推销食品、时装、化妆品等类产品的广告，表现产品原物形象时，在美观性上将要失色。

（二）杂志

杂志与报纸一样，也是一种以印刷符号传递信息的连续出版物。与报纸比较，杂志的出版周期较长，出版速度较慢。杂志的主要特点是：

1. 宣传针对性强。杂志一般都是面对某个专业、某个部门、某个领域感兴趣的读者，在杂志上做广告是有的放矢。宣传不同的产品，可以选择不同的杂志刊登广告，把广告目标同消费者的爱好、兴趣紧密联系起来。如宣传机械产品的广告，选登在工业性杂志；化妆品广告，选登在妇女杂志；玩具广告，选登在儿童刊物，这样容易产生优于其他广告媒介的宣传效果。

2. 广告有效期长。杂志的有效期短则半个月，长则可达半年或一年。人们阅读杂志的时间较充裕，同一广告往往会多次重复出现在读者面前。由于杂志常常在亲友间传阅，广告可以为更多的读者所看到。杂志刊载的文章具有资料性和永久性，保留期长，广告的效力自然也就较持久。

3. 广告对象理解度高。订阅杂志的读者一般文化水平较高，对杂志的内容有专门的研究，家庭的消费能力也普遍较强，对新产品的反应较敏感，因此，易于接受杂志的广告宣传。由于他们大都具有专业知识，对于杂志上专业性强的广告也容易理解。

4. 制作精美。杂志广告可用彩色画面，纸质优良，制作比较精细，印刷效果好，能够较好地表现产品的外观形象。艳丽的色彩能调动人的多种感情和想象，较之黑白图案要强许多倍。

但是，作为一种传播媒介，杂志对信息的传递较慢，时效性较差，杂志的出版周期大都在一个月以上，因而时效性强的广告便不宜在杂志媒体上刊登，难以收到“立竿见影”的传播效果。杂志广告的制作较复杂，费用较高，更改和撤换都极不方便，也缺乏灵活性；而且尽管印刷精美，但版面有限，无法造成声势大的宣传效果。同时，阅读杂志要有较高的文化水平，读者对象又相对较为确定，因此它的影响范围是有限的、相对的。这些是杂志在传播过程中的不足之处。

（三）广播

广播是通过无线电波或金属导线，用电信号向受众传播信息、提供娱乐和服务的大众传播媒介。

1. 广播媒介的特点。

（1）迅速及时。广播是以电波传送声音讯号的，电波的运行速度是 30 万公里/秒，每秒钟可以绕地球 7 周半。它不受地区、交通、路程、气候条件的限制，能以最快的速度把广告信息传送到城市、农村及世界各地。

（2）覆盖面广。在所有的大众传播媒介中，接收广播的信息最为方便。听众可以行动自如地收听广播，而不受时间、场所和位置等的影响、限制。特别是现代科学技术的发展，已能够利用卫星传送电波讯号，各类收音装置的接收能力也大大增强，使广播的声音更是无时不有，无处不在。其覆盖面之大，影响范围之广，为其他任何一种传播媒介所不能企及。广播在一天中持续的时间长，从早到晚都有节目播出。而且听众范围广泛，广播广告通俗易懂，不受教育程度限制，各种阶层、身份，不同年龄、职业和性格的听众均有，从这点上说，广播的覆盖面也远大于报纸。

（3）具有较高的灵活性。广告内容可长可短，形式多样。任何用声音来表达的广告内容，包括音乐、口号、对话、相声等都可以通过电台来传播。同样，不论男女老少，文化程度高低，只要具有听觉条件的人，都可以利用收音机听广告。广播电台开辟有各类专题节目，广告可以选择其商品与听众的兴趣较为接近、易于接受的专题节目时间广播。如体育用品广告、儿童用品广告都可选择相对应节目时间播放。电台的“广告节目”更是理想的广告专用阵地。

（4）价格便宜。广播广告制作简便，收费低廉。在国外，同一时间广播广告的价格与电视广告的比价为1:4；在我国，中央台每分钟的广播广告，其价格不到中央电视台第一套节目同一时间的1/10。

2. 广播媒介的局限性。

（1）有声无形。没有视觉形象，言之无物，易让人觉得空洞，特别是外观极为重要的商品，如服装、家具等，不易使消费者产生立即购买的冲动。

（2）转瞬即逝。大部分的广播广告时间较短，吐字较快，未等听清或者领会便很快过去。听众收听时往往心不在焉，无法了解收听情况。一般来说，复杂、新奇、外观引入和使用较难的商品，不适于在广播媒介上做广告。

（3）不易查存。除非你当时就记录下了广告里的某些不易记忆的内容，如电话、地址等，否则你很难再查找出曾听过的广告里的关键字句。

（四）电视

电视是一种具有多种功能的大众传播媒介，它是运用电波把声音、图像（包括文字符号）同时传送和接收的视听结合的传播工具。

1. 电视媒介的特点。

（1）传播迅速，影响范围广泛。电视与广播一样，也是运用电波传送信息符号的，因此，电视传播信息的速度也是十分迅捷及时的，不受距离、空间等因素的影响，只要具备了发射和接收电视信号的条件，瞬间即可完成传播过程。通过电视转播，观众可以很快得知某一新闻信息的真景实情，比仅仅是“听到”更为优越，影响更大。电视对信息传播的迅捷，使电视成为人们了解有关信息的重要渠道，影响范围越来越广泛。

（2）视听兼备，感染力强。电视同时对观众的听觉器官和视觉器官发挥作用。这种功能，使传播的感染力大大增强。报纸、杂志以印刷符号传递信息，虽有形象性，却是无声的，难免枯燥乏味。广播对听众的听觉器官产生影响，虽有音响效果，但缺少形象感。在传播过程中，这些不足，就使观众与媒介之间产生了一定的距离。而电视既有形象，又有音响，富有传真性和感染力。电视能够把观众带到报道现场，把传播内容直接诉诸观众，展现给观众活生生的、有声有色的形象，从而产生强烈的现场感和参与感。观众同时“看”到和“听”到传播内容，一方面感到身临其境，一方面能够在脑海里留下较深刻的印象。电视的感染力强，还表现在观众接收信息相对容易。观众只要能够对形象感知，借助于听力，就能够接收电视传播的信息。

（3）表现方式多种多样，吸引力大。电视集形、声、色于一体，从传播内容上来说，既是新闻传播的渠道，又是进行社会教育、文化娱乐等的良好途径；从传播形式上来说，既有实况转播，又有专题报道，既可口头播送有关信息，还可播出“电视报纸”等；从传播的表现方法上来说，既有新闻节目，又有知识性和文艺性节目。打开电视机，可以了解到新近发生的国内外大事，可以得到社会科学文化知识方面的教育，可以享受到各式各样的文艺节目：音乐、舞蹈、戏剧、电影、电视剧等等。因此，对广大观众是很有吸引力的。由于电视节目内容具有综合性、服务性、娱乐性等特点，电视观众的成分具有广泛性，不论年龄、性别、职业、文化程度、兴趣爱好等种种情况，电视总能得到不同层次、不同年龄、不同性别、不同志趣等各种各样的观众。这些对于广告传播是十分有利的。

2. 电视在传播过程中的不足。

（1）查阅困难。同广播媒体一样，转瞬即逝，难以一次性地在观众中留下清晰深刻的印象，而且无法查存。

（2）容易被转换频道。随着电视频道的不断增加，广告做得如果不精彩，观众就会转换频道。而且现在遥控电视越趋普及，换频道已不费举手之劳，因而看电视广告的收视率要大大小于看电视的收视率。

（3）费用昂贵。租用电视媒体作广告，主要以租用时间的长短和次数来收取租金，所以每秒钟的时间都价值千金。这使得电视广告在播放次数和对广告内容的详细解释上都形成限制，不能尽如人意。另外，电视广告的制作费用也让人望而生畏，演员、编导、道具、场景安排等都要大笔花销，所以中小型企业一般都无力负担，不利于电视争取中小型企业的广告。

（4）制作复杂。电视广告大都制作复杂，制作时间相对较长，因而时间性很强的广告往往无法满足。

（五）网络

网络广告就是确定的广告主以付费方式运用网络（因特网、万维网）媒体劝说公众的一种信息传播活动。

1. 网络媒体的特点。

（1）覆盖范围广泛。网络作为广告媒体其覆盖范围的广泛性体现在两个方面：

①传播范围的广泛性。网络联结着世界范围内的计算机，它是由遍及世界各地大大小小的各种网络按照统一的通信协议组成的一个全球性的信息传输网络。因

此，通过互联网络发布广告信息范围广，不受时间和地域的限制。从广告角度看，作为广告媒体，其传播信息的范围越广，接触的人越多越有利。

②信息受众的广泛性。目前全球网络用户已接近2亿，网络用户包括各种年龄、各种职业和不同种族的人，其中年轻人所占比例较大，而且大多数的网络用户比较富裕并富有思想性。作为广告媒体的网络的信息受众极为广泛，从广告媒体的角度来看，网络媒体覆盖面宽，信息受众广泛，是企业树立国际国内形象，进行广告宣传的具有较高选择价值的媒体。

（2）信息容量无限大。网络广告信息内容非常丰富，画面绚丽多彩。在 Internet 中的 Web 站点上广告主提供的信息数量是不受限制的，而且也不必被限制在一页固定的杂志版面或一个 30 秒或 60 秒的时间段内。广告主或广告代理商可以提供相当于数千页计的信息和说明，用以介绍自己的公司以及公司的所有产品和服务，等待受众来查询。实际上在 Internet 上广告主可以奢望拥有不加限制的长度而无需支出实际上更多的成本。这是其他传统媒体所无法做到的。

（3）信息传递的交互性。交互性是网络广告区别于传统媒体广告的一个最明显的特点，同时也是网络媒体与传统媒体相比所具有的强大的优势。互联网络的出现使广告媒体的发展从过去传统的单向传播、受众被动地接受信息，渐渐趋向互动模式，即受众可以主动地接受其需要的信息。传统媒体广告（如电视、广播）具有强制收视的作用，而网络媒体广告可以令浏览者根据自己的喜好获取文字、图片、声音、影像等信息。虽然平面媒体、电波媒体都有读者回函、热线电话等互动方式，但是平面媒体的读者不能即时获得回应；电波媒体虽然可以通过热线电话及时回应，但多是一对一的，例如，主持人在一个时点上只能接进一个热线电话，其他人无法同时参与，而在互联网上却可以实现多方同时进行交流。

(4) 视听效果的综合性。网络媒体广告含有比传统媒体广告更多的技术成分，特别是自 web 技术问世以来，新技术不断涌现，web 成了实时、动态、交互的多媒体世界，呈现出一幅丰富多彩的画面，使得网上广告具有文字、声音、图片、色彩、动画、音乐、电影、三维空间、虚拟视觉等所有广告媒体的功能，满足人们求新、求变的心理，因而吸引了大批受过良好教育、具有稳定收入的用户。

(5) 经济性。网络广告费用与传统媒体广告费用相比要便宜得多，而且其覆盖的地域范围要大大超过传统媒体。在竞争激烈的市场经济大潮中的企业，往往为了立足而不惜拿出大量的资金去做广告，而高额的广告费最终要转嫁到消费者身上，即产品成本增加。网络媒体与传统媒体相比，一个较大的优势就是广告费用低。对于广告主来说大笔广告费用的节省意味着生产成本的降低，成本降低则意味着拥有更强的竞争力。

(6) 易统计性。利用传统媒体做广告，很难准确地知道有多少人接收到了广告信息。网络广告可以利用网络的即时检测功能为用户提供广告促销活动效益的最新报告，并提醒客户可以根据广告成败，随时修改广告出现的频率或是改变创意的要求。这是传统媒体无法实现的。

2. 网络媒体的局限性。

网络媒体的发展依然存在着很多问题有待进一步解决，这就使得网络媒体在发挥其强大优势的同时，不可避免地存在着某些不足而成为其作为广告媒体的劣势：

(1) 网络媒体受到硬件环境的限制。性能优越的计算机是使用网络媒体必须具备的硬件条件，这一点就不如其他媒体方便。另外，网络自身的基础建设尚待进一步加强，这在一定程度上也制约了网络作为广告媒体的发展。国际互联网络的基本建设目前还存在稳定性、安全性、线路的宽窄和畅通与否、数据传输速度等问题，需要在未来的发展过程中不断完善和加强。网络自身基础建设方面存在的这些问题直接制约了网络作为广告媒体作用的发挥，影响了网络广告的发展。

(2) 网络媒体的被动性。网络媒体强大的互动性使得广告受众具有了其他媒体所不能提供的选择广告信息的主动性，同时相对于受众主动性的便是广告本身的被动性。当广告主把广告投放到网站上之后，往往要等待访问者把它“拖”出来才能真正与受众见面，如果访问者不光顾你的网站，即使网站再精彩，网页设计再漂亮，网页上的广告也只会落得“养在深闺人未识”。

(3) 上网费用居高不下。在我国，网络费用目前尚未到普遍接受的程度，限制了受众上网的次数和时间，降低了网络广告的效果，制约了网络广告的发展。

六、国际广告问题

（一）国际广告的产生与发展

国际广告，就是将本国的商品和企业的声誉向国外推广时所做的广告。

国际广告是伴随国际贸易而产生的。随着商品的跨国经营，必须进行商品的跨国宣传，从而产生国际广告。

国际广告随着国际化经营的发展而发展。当今世界国际化经营发展的主要原因是：（1）国际营销的发展。国际资本流动的形式，由原来的商品输出为主，转向商品输出与资本输出并重。企业的营销活动，逐步由国内转向国际，国际营销已渗透到世界经济的各个领域。（2）跨国公司的发展。世界许多国家的跨国公司都奉行全球一体化战略，它们的生产遍布世界各地，甚至同一产品的不同部件分散在不同国家制造，以取得成本最低化优势。所有这些活动，大大加强了跨国公司与各国的经济联系。（3）交通、信息传输更加现代化。交通便捷，信息灵通，使世界的距离缩短了，各国之间往来更加便利。

所有这些因素，使国际化经营有了长足的发展。为了适应国际化经营，推动产品销售，国际广告也得到了巨大的发展。可见，国际广告是国际化经营发展的产物，有国际化经营，就要有国际广告。

（二）国际广告的功能

在世界经济联系和合作日益发展的条件下，国际广告是企业走向国际市场的先行官，是占领国际市场的冲锋号手。国际广告具有广告的一般功能，也有它的特殊功能。

1. 国际广告是塑造涉外企业形象的基本手段。一个涉外企业在本国也许是首屈一指的大厂名店，但对异国民众来说也就未必如此了。涉外企业要让别国人民了解，一靠新闻媒介；二靠广告宣传。新闻报道以新闻为主，不可能多次重复；所以要异国人民了解企业，熟悉企业，还必须依靠广告反复宣传，才能树立企业的良好形象。所以，国际广告是塑造涉外企业形象的基本手段。

2. 国际广告能促进商品销售，扩大商品出口。不管境内或境外生产的产品，要让别国人民了解它，购买它，没有广告是不行的。因为所在国人民只熟悉本国产品，对“舶来品”、“洋货”了解甚少，更谈不上踊跃购买。更何况，有些国家（如日本）的公民对外国货有抵触，他们以使用本国产品为荣。只有通过广告使那里的人民知道进口货确实优于国产货，才能改变他们的购买习惯。有些产品在境外虽然有了一定的信誉，但也可能由于价格、质量、品牌等方面的变化，使别国人民产生不信任感。

3. 国际广告能提高本国企业的竞争意识和竞争能力。国外产品和国际广告的进入对民族工业产品是一种挑战，要生存和发展，必须参与国际竞争，提高本国企业的竞争能力。如美国的可口可乐、百事可乐在中国开办合资企业，并掀起了强大的广告攻势。面对严峻的竞争形势，娃哈哈集团一方面大力开展广告宣传，激发人民的民族意识，动员人们饮用国产饮料；另一方面积极开发矿泉水产品，增强了该集团产品在国内外市场上的竞争能力。

（三）国际广告的代理

广告主可以对外国当地媒体直接做广告，也可以由各地代办处承办广告，但都难以取得令人满意的广告效果。因此利用国际广告代理机构，成为一种行之有效的选择。就代理机构国际合作情况而言，国际广告的代理主要有下列两种形式：

1. 本国代理公司与它的国外专门代理机构合作。国外专门代理机构是本国代理公司在国外的分部，本国代理公司不必支付设立在世界各地分公司的经费，但能向顾客提供国际广告专门技术和知识，是一种经济而有利的做法，这种做法在美国比较盛行。

2. 本国代理公司与当地代理公司合作。本国代理公司与当地代理公司的互相合作，是一种双向的业务合作关系。它们之间的合作以契约的形式出现，合作的内容有多有少，合作的时间有长有短。这种合作有利于双方各自利用对方的资源、天时、地利、人和之优势，能取得较好的经济效益。

第二部分
广告业税收监控
相关问题的调查研究

一、对广告经营的成本费用等的经济分析

（一）广告费及其主要内容

广告费，就是从事广告活动所需付出的费用，如购买报纸或杂志版面需要支付相应的费用。购买电台、电视台的演播时间也需要支付费用。即使自己制作广告，如布置橱窗、印刷招贴和传单等也需要一定的制作成本。广告费的支用，目的是为了扩大产品销售，获得更大的收益。为了降低成本，取得最大的经济效益，广告主在进行广告活动时要编制广告预算，有计划、有步骤地进行广告活动，以节约广告费用开支，获取最佳广告经济效益。广告费主要有以下几种：

1. 广告制作费，包括照相、翻印、制版、录音、录像、文字编辑、美术设计等。

2. 调查研究费用，包括对市场的调查研究，购买调查研究机构所需要的各种资料、情报等所支出的费用等。

3. 购买广告传播媒体的版面和时间的费用。

4. 广告人员的行政费用，包括工资、办公、出差和管理费用等。

就一般情形来说，上述广告费用四个方面的内容的支出比例大体是：广告制作费用约占广告预算的 10%，购买传播媒体的版面、位置和时间的费用约占 80%，调查研究与购买调研资料的费用约占 5%，行政与管理费用约占 5%。上述所说的广告费用的比例关系仅是一般而言，由此概算出大体的产品预算方案。当然每个企业的管理环境与情况是不同的，因而其广告费用的内容和支出的比例也是有区别的。

（二）广告媒体成本影响因素的理论分析

在所有的广告费用中，支付给媒体的广告费占主要部分。而在不同的媒体发布广告，需要支付不同的成本。一般来讲，影响媒体成本的有以下因素：

1. 每千人成本（Cost—Per—Thousand 简称 CPT），是指把广告信息送到一千个家庭或用户或广义的对象消费者所需的广告费用。其计算公式为：

每千人成本 = 全部媒体费用/受众人数 × 1000

每千人成本可用于计算任何媒体、任何人口统计群体及任何总成本。它可便利说明一种媒体和另一种媒体的相对成本。

2. 视听率每点成本（Cost—Per—rating point），也称每毛评点成本，即在广播电视媒体购买视听率每点的成本。例如，广告预算费用是 2 万元，而所要购买广告视听率是 2000%，那么用 2000 去除 2 万，即可得视听率每点成本 10 元（每百分点成本）。

3. 毛评点（Gross Rating Points），指特定个别广告媒体所送达的收视率总和，是一种测量媒体计划总压力和总强度的方法。毛评点提供说明送达的总视听众，而不关心重叠和重复暴露于个别广告媒体之下的视听众。

4. 视听众组成（audience composition），是指每一统计组中各部分视听众的百分数列示。视听众组成可以清晰地表明每一个别广告媒体视听众的集中度，所以分析视听众组成的目的就是要了解目标视听众。

5. 报刊杂志读者数，是指某一指定日期出版的报纸的全部读者，而不管读者取得报纸杂志的方式。通常取得的方式有以下几种：(1) 基本读者：指订阅全年或半年报纸杂志的读者。(2) 传阅读者：指既不是订阅也不是购买，而是从其他读者手中传阅观看的读者。(3) 零买读者：指不定期零买报纸杂志的读者。报纸杂志读者数受发行范围、内容质量的影响。

6. 到达率是看到或听到广告的视听众的百分率。

7. 暴露频次是广告视听众暴露于广告档期表下的平均次数。

8. 广告价格，是影响媒体广告收入的重要因素，单就报业来说，由于不同的报纸传播信息不同，其影响范围、程度和效果各异，从实践经验看，报纸广告的价格有以下几个特点：

(1) 报纸的传播范围不同，价格不一。不同的报纸，传播范围有大有小，能接触的人有多有少。有的报纸属全国性报纸，发行量大，此类报纸上的广告费很昂贵。而有的报纸纯属地方性报纸，传播范围有限，广告影响面小，价格就低。

(2) 报纸的影响程度不同，价格不同。报纸的影响程度是指报纸传播信息的效果，它取决于该报纸的信誉和消费者对该报纸的接受频率。同是全国性报纸或地方性报纸，由于其内容不尽相同、报纸的质量有差别，就拥有着不同数量的读者。凡是信誉高、内容丰富多彩、覆盖率高的报纸，具有很强的影响程度，广告定价则较高，反之则较低。

（3）报纸广告应按刊登面积、版面、制作难易程度的差异性制定收费标准。刊登面积大、版面居于醒目位置、套红和彩版等特殊设计和制作，其收费标准就高。刊登面积小、版面相对不重要、处于版缝位置、普通设计和制作，其收费标准就低。对客户在版面、时间制作等方面的特殊要求，要在原价格基础上加收一定的费用。

（4）广告内容不同也是影响报纸广告价格的重要因素。一般来说，在内容不同的分类广告中，工商企业的商品和劳务信息广告价格较高；而遗失广告、招聘广告、征婚广告、婚丧广告、招生广告、演出广告等价格较低。

（三）广告主体的财务收支及其涉税问题

1. 广告主体的广告业务收支情况分析。在我国的广告市场中,广告业务的运作有一些特殊的形式,其中比较常见的有：

（1）广告主委托广告代理公司制作并联系发布广告的媒体。广告代理公司或自己制作，或委托其他专业制作公司制作广告。这是一种常见的模式（见图 2－1)。

（2）广告主直接委托专业广告公司策划和制作广告，然后再找一家广告代理公司介绍媒体发布广告（见

图 2－2)。

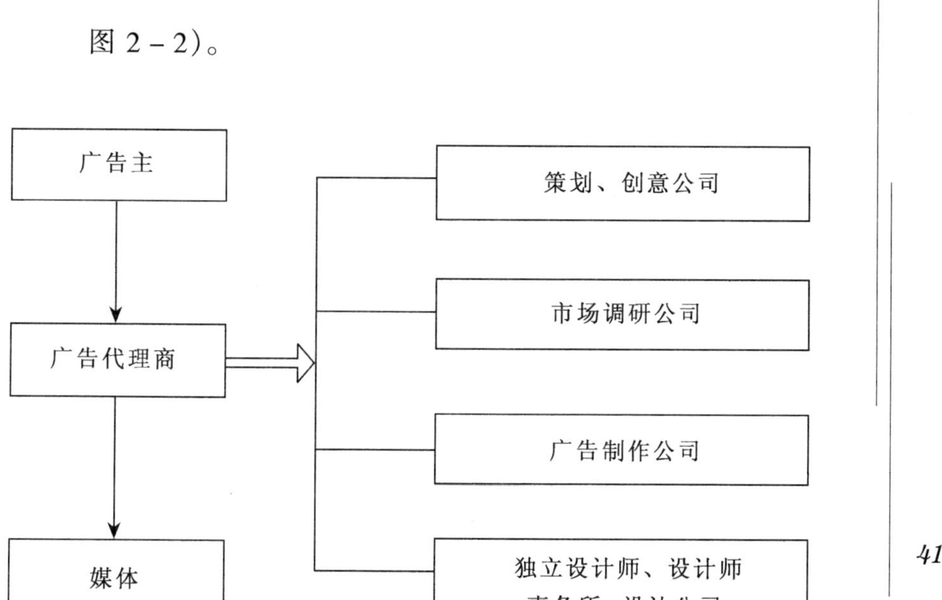

图 2－1

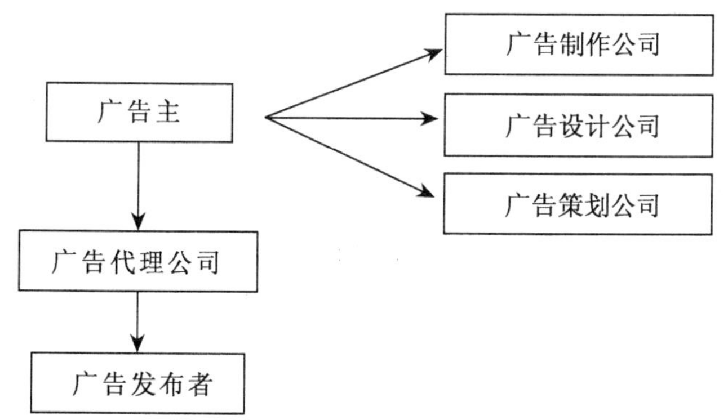

图 2－2

(3) 广告主先找专业广告公司做好广告之后，直接找媒体发布广告。但为了履行广告代理的程序，再向媒体下属的代理公司支付一定的广告费用（见图 2－3）。

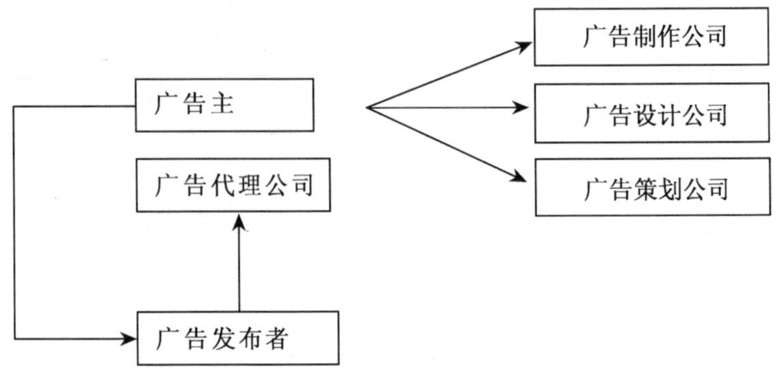

图 2－3

通过以上分析，可以得出广告各主体的基本广告收支情况，用图 2－4 至图 2－6 表示如下：

2. 广告业三大主体的涉税问题。

（1）广告主。广告主委托广告经营者制作广告，支付的费用有回扣现象，广告主可以多列费用少缴所得税。

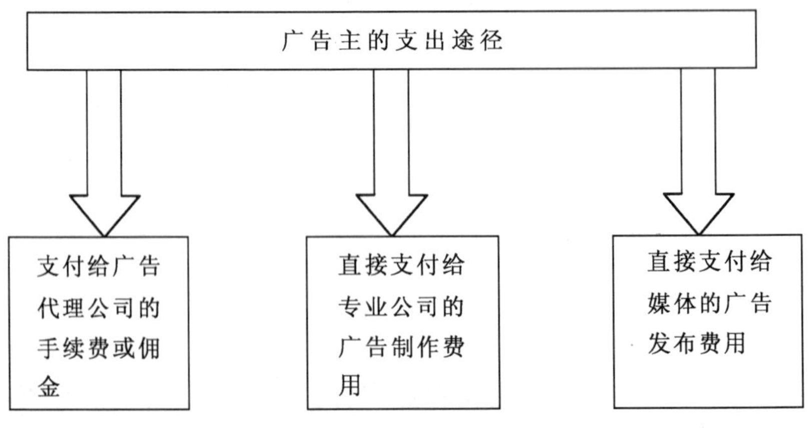

图 2－4　广告主的支出情况

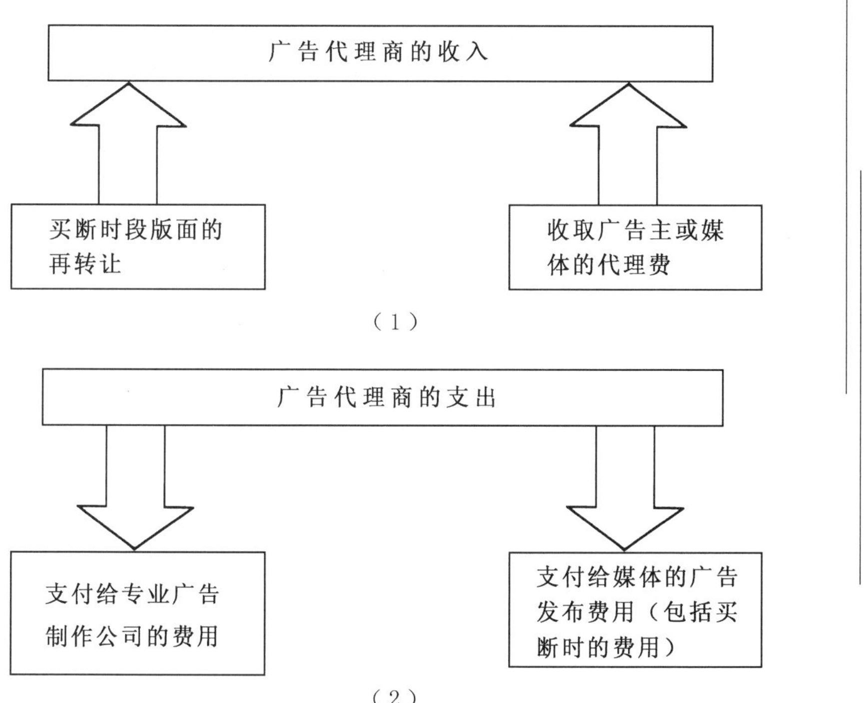

图 2－5　广告代理公司的收支情况

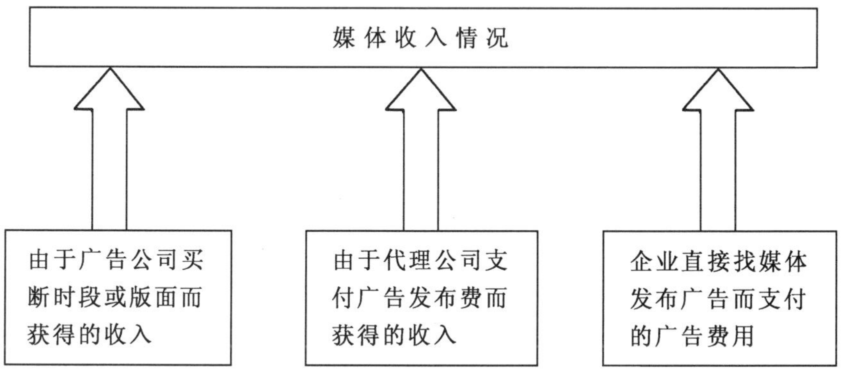

图 2－6　媒体的收入情况

（2）广告经营者。广告经营者包括从事广告策划、设计、制作、代理等的综合性广告公司，也包括专门从事广告设计或制作等某一方面业务的专业广告设计工作室、广告策划中心等。

各专门广告公司之间往往互相介绍业务，一定程度上存在着经济利益关系。在多重广告代理的情况下，各专门广告公司之间支付的代理佣金不符合规定的比例(15%的比例)。委托公司支付的费用低，被委托公司的营业收入就少，从而可以少交营业税，虽然委托公司在交所得税时少扣了费用，多交了所得税，但是如果其所多交的所得税少于被委托公司少交的营业税，那么若将这两个广告公司作为一个利益整体看，所交的整体税额减少了，两个公司可以再通过其他的方式分享这部分税收利益。

广告公司作为服务企业，执行《旅游、饮食服务企业会计制度》，从事广告业务应当按照广告公司向广告主收取的全部价款入账，其中包括应向广告发布者支付的广告发布费和广告公司从事代理业务应收取的佣金或手续费。广告公司从事广告代理业务，应按其向客户收取的全部价款减去应向广告发布者支付的广告发布费用后的余额作为营业额计算缴纳营业税。需要明确一点，这种优惠仅限于广告发布代理业务，而广告公司从事广告策划、设计、制作的代理，仍应按实际应向客户收取的全部价款（包括支付给策划者、设计者、制作者的策划费、设计费、制作费）计算缴纳营业税。

许多广告代理公司规模较小，只有几个员工，甚至是家族企业，公司支出与个人支出不能明确划分。在缴纳所得税时个人支出不能在税前扣除。

缴纳营业税时，以下费用不能冲减营业税收入，只能在缴纳所得税时作为费用列支：人员的雇工费、设备的购置费、再委托其他企业加工制作的费用。如该广告公司为增值税和营业税的纳税人，纳税人为制作、印刷广告使用的购进货物不得计入进项税额抵扣。

（3）广告发布者。与广告经营者的某些交易行为并不通过会计分录反映，如广告公司以播映权换取电视广告时间。

对广播电台、电视台、报纸等取得的赞助收入应按“广告业”征收营业税。这些单位取得的不以宣传等服务为前提的无偿赞助不征税。

二、广告业的财务核算

（一）广告公司财务核算概述

新企业会计制度颁布以前，广告公司执行的是旅游、饮食服务企业会计制度和财务制度，2001 年新企业会计制度颁布实施以后，统一执行《企业会计制度》，所以广告公司会计核算的基本内容、应当遵循的原则和采用的方法等都与其他企业差别不大，特点主要表现在以下几个方面：

1. 存货核算比较简单，固定资产折旧速度较快。广告公司作为一个服务性企业，其主要业务是向客户提供与广告业务有关的服务，如广告调查、广告策划、广告设计、广告制作、广告代理等，那么具有丰富的专业知识和高度创造力的人才是广告公司最重要的资源，相反地，材料等存货在企业流动资产中比重较小，相应地其核算也比较简单，有些广告公司甚至不核算材料，在购入时直接计入公司费用。另一方面，作为技术密集型服务企业，先进的技术设备在广告公司的固定资产中占有很大的比重，并且更新换代频繁，因而设备的折旧期限较短、速度较快。相对而言，房屋等固定资产所占比重不大，大多数广告公司都租用营业用房和办公用房。

2. 预收账款和预付账款金额较大。与其他服务性企业相比，广告公司的预付账款和预收账款在其资产、负债中的比重是比较大的。客户委托广告公司从事广告调查、广告策划、广告设计、广告制作、广告代理等都需要预付一部分或全部费用，因而预收账款在广告公司的负债中占有一定的比重。另一方面，有些广告媒介，例如，一些大的电视台、报纸等，由于广告客源很多，而版面有限，广告公司要想在这些媒体上为客户发布广告，不仅费用较高，而且必须预付一部分甚至全部费用，预付账款在企业资产中也占有一定比重。

3. 营业收入的核算有一定的特殊性。接受客户委托从事代理业务，并非只有广告公司，但在大多数情况下，都是按取得的代理手续费收入确定营业收入。广告公司从事广告代理业务，应按客户支付的全部价款，包括应向广告发布者支付的广告发布费，而不仅仅是广告公司实际取得的佣金，来确认营业收入。但在实际缴纳营业税时，应按实际取得的佣金收入额，即广告公司向客户收取的全部价款减去应向广告发布者支付的发布费后的净额，作为计算应纳营业税的依据。

4．成本、费用的核算也有一定的特点。与营业收入的核算相适应，广告公司接受委托从事广告活动，其所发生的各种支出，如广告的市场调查费用、广告的制作成本、支付给广告发布者的发布费用等，均应计入广告公司的营业成本，除此以外的其他费用，则计入广告公司的期间费用。

（二）广告公司基本的财务核算

1．资产的核算。

（1）广告公司开办的核算。

①投入资本的核算。投入资本是指投资者投入到广告公司中，作为广告公司生产经营基本资金来源的那部分资金，其会计核算主要包括资本金和资本溢价的核算。

资本金是广告公司在工商行政管理部门注册的资金，即注册资本。资本溢价是投资者实际缴付的出资额大于注册资本中应当认缴部分的差额。投资者对广告公司的投资，可以用现金投资，也可以用非现金资产（包括固定资产、存货、无形资产等）进行投资。投资者以现金投资的，以其实际缴入广告公司的金额作为投入资本的价值；投资者以非现金资产进行投资的，应当按照评估确认或合同、协议规定的金额确定投入资本的价值；投资者以外币进行投资的，应以合同约定的汇率或收到当日人民银行公布的市场汇率折合为记账本位币作为投入资本的价值。广告公司应当在收到投资时，一方面增加现金或其他资产，另一方面增加实收资本或股本，即借记“现金”等科目，贷记“实收资本”或“股本”。

②开办费的核算。广告公司在开办过程中会发生一系列费用支出，如公司注册费、筹备人员的工资支出、办公支出、利息支出等，这就是开办费。如果开办费数额不大，则可以计入开业当期的营业成本或期间费用，如果数额较大，就只能作为长期待摊费用，按照权责发生制的原则在一定期间内摊销。发生各种开办费时，借记“长期待摊费用”，贷记“现金”、“银行存款”等科目，摊销时，借记“管理费用”，贷记“长期待摊费用”。

（2）货币资金的核算。

①库存现金的核算。广告公司在收到现金（如业务收入、非业务收入、预收现金款及其他收入现金款项）时，借记“现金”科目，贷记“主营业务收入”、“营业外收入”、“预收账款”等科目。

广告公司发生现金支出（如购买商品、接受劳务、发放工资等），借记“材料采购”、“应付工资”等科目，贷记“现金”。

②银行存款的核算。广告公司应设置“银行存款”账户，专门用来核算银行存款的增减变动情况。将款项存入银行时，借记“银行存款”，贷记“现金”、“应收账款”等有关账户；从银行支取款项时，借记“现金”、“其他应收款”等账户，贷记“银行存款”账户。当然，在具体核算时，根据不同的银行存款结算方式而略有差异。此处不再详述。

③其他货币资金的核算。广告公司应设置“其他货币资金”科目来核算除现金和银行存款以外的资金，包括银行汇票存款、银行本票存款、在途资金等，并作为“其他货币资金”的二级科目。具体核算时，当企业存出汇票存款、本票存款、外埠存款时，应借记“其他货币资金”，贷记“银行存款”；实际使用银行本票、汇票或外埠存款时，应借记“材料采购”等相关科目，贷记“其他货币资金”。将多余的银行汇票存款、银行本票存款划回其结算账户时，按实际划回金额借记“银行存款”，贷记“其他货币资金”；对于在途货币资金，应在月末根据汇款通知，借记“其他货币资金”，贷记有关科目，下月实际收到汇款时，借记“银行存款”，贷记“其他货币资金”。

（3）应收款项的核算。

①应收账款的核算。应收账款是指广告公司因向客户提供劳务而应向客户收取的款项，在企业的应收账款中所占比重最大。应收账款通常在劳务完成时予以确认并登记入账，但如果劳务的提供涉及几个会计期间，应根据完成进度法或完成合同法确认其营业收入，同时确认其应收账款。

广告公司应设置“应收账款”科目，其下按债务单位的名称设置明细科目来核算应向接受劳务单位收取的款项。发生应收未收款项时，借记“应收账款”，贷记“主营业务收入”；待实际收到款项时，借记“银行存款”，贷记“应收账款”。

如果发生现金折扣时，应采用总价法或净价法，把客户获得折扣作为财务费用核算；发生现金折让时，应按发生的折让额冲减已入账的营业收入和应收账款。

②坏账损失的核算。广告公司出于谨慎性原则的考虑，应该设置“坏账损失”科目核算企业无法收回的应收账款。坏账损失的核算方法有两种：一是直接转销法，即根据实际发生坏账额，借记“管理费用”，贷记“应收账款”，对于已确认为坏账并核销的应收账款以后又有部分或全部收回时，应借记“应收账款”，贷记“管理费用”，然后再借记“银行存款”，贷记“应收账款”；二是备抵法，在每一会计期末，按一定的方法估计坏账损失，形成坏账准备，当应收账款被确认为坏账时，根据实际发生的坏账损失冲减坏账准备，同时转销相应的应收账款。在采用备抵法核算坏账时，应设置“坏账准备”科目，贷方登记提取的坏账准备或收回的已确认并转销的坏账损失；借方登记发生坏账损失而冲销的坏账准备，余额在贷方，表示企业已提取而未被冲销的坏账准备。

③预付账款和其他应收款的核算。广告公司应设置“应收账款”核算企业预付给其他单位和个人的款项。当广告公司向劳务提供方或供货方预付账款时，应借记“预付账款”，贷记“银行存款”等科目；接受劳务或收到所购物资时，借记“材料采购”等科目，贷记本科目。补付的款项，借记“预付账款”，贷记“银行存款”；退回多付的款项时，借记“银行存款”，贷记“预付账款”。对于预付账款不多的企业，也可不设“预付账款”科目，而直接在“应付账款”的借方核算，通过“应付账款”账户来反映预付账款增减变化。

广告公司发生的其他应收款项，如各种暂付款、应收的赔款、出租包装物的租金、存出的保证金等在“其他应收款”科目核算。发生上述各种应收款时，借记“其他应收款”，贷记“现金”等，收回各种款项时，借记“现金”等，贷记“其他应收款”。

（4）存货的核算。广告公司作为服务性企业，其存货主要包括各种材料，如纸张、颜料、胶片、各种备用件和低值易耗品等，在其全部资产中的比重较小。在购入存货时，应借记“物资采购”、“低值易耗品”等科目，贷记“银行存款”、“应付账款”等相关科目；验收入库时，借记“原材料”，贷记“物资采购”；领用时借记“主营业务成本”、“管理费用”等科目，贷记“原材料”、“低值易耗品”。

（5）对外投资的核算。广告公司除了经营广告业务外，有时还会通过购买股票、债券等对其他企业进行投资，包括短期投资和长期投资。

企业应设置“短期投资”科目核算短期投资的增减变动情况。购入股票、债券时，按实际支付价款借记“短期投资”，贷记“银行存款”；收回投资时，借记“银行存款”，贷记“短期投资”，并将出售取得的款项与原始成本的差额计入“投资收益”科目。

长期投资又分为长期债券投资和长期股票投资，投资时，应借记“长期债权投资”和“长期股权投资”，贷记“银行存款”、“无形资产”、“固定资产”等；收回时，借记“银行存款”等科目，贷记“长期债权投资”和“长期股权投资”等科目。

（6）固定资产的核算。主要是固定资产的购置或自建、折旧及处置。购入时或自建时，应借记“固定资产”（如果不需安装）、“在建工程”、“工程物资”（自建）、“应付工资”等科目，贷记“银行存款”；按一定的方法提取折旧时，借记“管理费用”、“营业费用”等，贷记“累计折旧”；在固定资产出售、报废或毁损时，应通过“固定资产清理”科目核算；发生盘盈、盘亏时，应设置“待处理财产损溢”科目。

2. 负债的核算。

（1）流动负债的核算。

①应收账款。广告公司在正常经营活动中，因对外购买材料物资、接受其他单位劳务而应向对方支付的款项，企业应通过设置“应付账款”科目核算，并按结算单位设置明细账。该科目借方反映应付账款的增加数，贷方反映减少数，余额在贷方，反映应付未付的款项。

②预收账款。预收账款是广告公司按照合同规定预先向客户收取的部分或全部价款，是广告公司会计核算的重要内容，也是其区别于其他企业会计核算的特点之一。

在一般情况下，广告公司应设置“预收账款”科目来核算预收账款的发生及偿付情况。该科目贷方反映预收及补收的款项，借方反映应收及退回多余的款项，期末贷方余额反映尚未结清的预收款项，借方反映应收的款项。广告公司向客户预收款项时，借记“银行存款”科目，贷记“预收账款”科目；实际履行合同、提供有关劳务时，按应收的价款，借记“预收账款”，贷记“主营业务收入”；客户补付款项时，借记“银行存款”，贷记“预收账款”；退回多付的款项时，借记“预收账款”，贷记“银行存款”。

③其他应付款。广告公司暂收其他单位或个人的款项，如应付租出固定资产和低值易耗品的租金、应付的赔款和罚款、其他企业和个人暂时存入的保证金等，构成了企业的其他应付款，通过设置“其他应付款”核算。该科目贷方反映发生的各种应付、暂收的款项，借方反映广告公司实际支付的款项，期末贷方余额反映各种应付、暂收的余额，该科目还应按应付、暂收等款项的类别和单位或个人设置明细账，进行明细核算。发生各种应付、暂收款项时，按其业务性质借记“管理费用”、“财务费用”等科目，贷记“其他应付款”；实际支付时，借记“其他应付款”，贷记“银行存款”等。

④预提费用。预提费用是指预先计入当期费用而尚未支付的各项应付费用，如应付的租金、应付的保险费、应付的短期借款利息等。预提费用应当于实际发生时予以确认，并按实际发生数登记入账。广告公司应设置“预提费用”科目专门核算预提费用的预提和支付情况。该科目贷方反映预提的费用，借方反映实际支付的款项，期末余额在贷方反映已预提但尚未支付的应付费用。预提时借记“管理费用”、“财务费用”科目，贷记“银行存款”。

⑤短期借款。广告公司应设置“短期借款”科目核算公司借入的偿还期在1年以内的各种借款的借入及归还情况。该科目贷方登记借入的本金，借方登记偿还的本金。期末余额在贷方，反映尚未偿还的本金。短期借款应按债权人设置明细账。广告公司借入各种短期借款时，按借款本金借记“银行存款”，贷记“短期借款”；归还短期借款时，按借款本金借记“短期借款”，贷记

“银行存款”。对于短期借款的利息，可以根据规定的利率按月预提计入财务费用，预提时，按预提数借记“财务费用”，贷记“预提费用”；实际支付时，按已预提金额，借记“预提费用”，按实际支付数与预提数的差额，借记“财务费用”，按实际支付数，贷记“银行存款”。

⑥应付工资和应付福利费。广告公司应设置“应付工资”，并按照工资的一定比例计提福利费，即通过“应付福利费”科目核算应付给职工的工资及福利费。在支付前，借记“营业费用”、“管理费用”等，贷记“应付工资”和“应付福利费”；实际支付时，借记“应付工资”及“应付福利费”，贷记“银行存款”。

（2）长期负债的核算。

①长期借款。长期借款是广告公司借入的偿还期在1年以上的借款。为了反映广告公司长期借款的借入、利息的结算和借款的归还情况，应设置“长期借款”科目，其贷方反映借入款项的本息，借方反映归还的借款本息，贷方余额反映尚未归还的借款本息。

广告公司借入款项时，借记“银行存款”，贷记“长期借款”；期末计提利息时，借记“财务费用”，贷记“长期借款”；归还借款时，借记“长期借款”，贷记“银行存款”。

②应付债券。广告公司为筹集长期资金依法发行的超过1年以上的债券，构成了一项长期负债，作为应付债券核算。按现行会计制度规定，企业应设置“应付债券”科目来核算广告公司为筹集长期资金而发行的债券及其应付的利息，在该科目下设“债券面值”、“债券溢价”、“债券折价”、“应付利息”四个明细科目，分别核

算债券的面值、折价、溢价和利息的增减变动情况。

具体核算时：对于债券的面值发行，发行债券时，按实际收到的款项，即债券面值借记“银行存款”等，贷记“应付债券——债券面值”。平价发行债券的应付利息处理比较简单，若采用一次到期还本付息方式，可在“应付债券”下设置“应计利息”明细账予以入账，若每半年付息一次，则在实际计算出半年利息时通过“财务费用”科目核算。债券的溢价、折价的摊销可以选择直线法和实际利率法，此处不再详述。债券到期收回，由于其折价或溢价已摊销完毕，可直接冲减债券面值，即借记“应付债券——债券面值”，贷记“银行存款”；对于提前偿还的债券，由于其收回价格与面值、折价和溢价的未摊销额的差额，计入营业外收入或营业外支出。

3. 收入的核算。广告公司的主要业务就是接受广告主的委托，办理有关广告的调查、策划、设计、制作和发布事宜。不同的广告公司，由于其规模、经营的重点不同，其业务内容也有较大差异。有的广告公司，本身并不从事广告的策划、设计、制作和发布，而是委托其他单位或个人进行，完全是一种代理活动，其实际取得的收益实际上是代理活动的佣金或手续费；有的广告公司本身也从事广告的调查、策划、设计工作，而将广告的制作、发布委托其他单位进行，其实际取得的收益包括应由广告主支付的调查费、策划费、设计费和制作、发布委托的佣金或手续费；有的广告公司除了广告发布委托有关媒体进行外，其余各项工作均由自身完成，因而其实际收益包括应由广告主支付的调查费、策划费、设计费、制作费和代理佣金、手续费；甚至有的广告公司本身也掌握一定的媒体，其广告发布也由自身完成，那么其实际取得的收益包括应由广告主支付的全部费用，但这种情况较为少见。

按照会计制度的规定，广告公司应设置“主营业务收入”来核算广告公司在经营过程中实现的各种收入。该科目贷方反映广告公司当期实现的营业收入，借方反映期末结转到“本年利润”科目的数额，结转后该科目无余额。

为了详细反映广告公司各类业务活动的收入情况，应在“主营业务收入”下按具体类别设置二级科目，如“市场调查收入”、“广告策划收入”、“广告设计收入”等，分别核算广告公司的各类业务收入的实现情况。

广告公司营业收入的确认可以采取不同的方法，如：特定履行法、比例履行法、收现法等，但无论是哪种方法，均在确认时，借记“银行存款”、“应收账款”、“预收账款”等科目，贷记“主营业务收入”及其明细科目。期末结转时，借记“主营业务收入”，贷记“本年利润”。

4. 成本费用的核算。

（1）主营业务成本的核算。广告公司在对外提供劳务、确认营业收入的同时，应当将有关劳务的成本转为当期的营业成本，这里的实际成本是指广告公司从事广告代理业务而向广告发布商支付的广告发布费用、广告公司从事广告制作业务而向有关制作单位支付的制作费等。

广告公司应设置“主营业务成本”科目来核算广告

公司从事各种业务活动所发生的直接支出。该科目借方反映广告公司当期发生的各项营业成本，贷方反映期末转入“本年利润”账户的营业成本，结转后本科目无余额。为详细地反映广告公司各项业务活动的成本，应在“主营业务成本”下根据业务的具体情况，设置“广告调查成本”、“广告策划成本”、“广告发布成本”等，以具体反映各项业务的成本发生情况。

广告公司通常应在实际支付有关费用时按照业务的性质和具体的业务项目确认相应的营业成本，借记“主营业务成本”，贷记“银行存款”等；期末结转时，借记“本年利润”，贷记“主营业务成本”。

（2）期间费用的核算。广告公司的期间费用是指广告公司为管理和组织经营活动而发生的各项费用，包括营业费用、管理费用和财务费用。企业应设置“营业费用”、“管理费用”和“财务费用”分别反映物料消耗、职工工资、利息等。实际确认时，借记期间费用科目，贷记“银行存款”、“待摊费用”等，期末结转时，借记“本年利润”，贷记期间费用科目，结转后无余额。

5. 纳税的核算。广告公司作为纳税人，应依法纳税，其应纳的税种一般包括营业税、城市维护建设税、车船使用税、房产税、土地使用税、印花税、契税、企业所得税等，此外还需要缴纳有关的收费，如教育费附加等。

广告公司应设置“应交税金”科目核算各种税金的应交、已交和未交情况。贷方反映应交的各种税金及退回的多交的税金；借方反映已缴纳的各种税金；余额一般在贷方，表示应交未交的税金，如为借方余额，则表示多交的税金。广告公司应在“应交税金”科目下设置“应交营业税”、“应交所得税”等二级科目，企业还应设置“其他应交款”核算应交的各种收费，并设置“教育费附加”等明细科目。

营业税和城建税的应纳税金在核算时，借记“营业税金及附加”，贷记“应交税金——应交营业税”和“应交税金——应交城建税”；房产税、土地使用税、车船使用税等税种的应纳税额应借记“管理费用”，贷记“应交税金”的相应二级科目；计算缴纳企业所得税时，借记“所得税”，贷记“应交税金——应交所得税”。

无论何种税金，实际缴纳时均借记“应交税金”及相应的二级科目，贷记“银行存款”。

6. 利润、利润分配和所有者权益的核算。

(1) 利润的核算。期末广告应将有关的收入、成本、费用及损益转入“本年利润”科目的借方或贷方，如果为借方余额，则为亏损；如为贷方余额则为利润。一些主要科目的结转在前已述。在具体核算时，应借记“主营业务收入”、“其他业务收入”、“营业外收入”等，贷记“本年利润”；借记“本年利润”，贷记“主营业务支出”、“营业外支出”、“所得税”及期间费用等科目。

(2) 利润分配的核算。广告公司实现的净利润，应按一定的顺序进行分配：弥补亏损、提取法定盈余公积、提取公益金、向投资者分配利润。广告公司应设置“利润分配”核算当年净利润的分配或亏损的弥补和历年分配后的利润的结余。其具体核算：年度终了，将本年实现的净利润或发生的亏损从“本年利润”转入“利润分配”，即借记或贷记“本年利润”，相应的贷记或借记“利润分配”；提取盈余公积金和公益金时，借记“利润分配——提取盈余公积”，贷记“盈余公积”；向投资者分配利润时，借记“利润分配——应付股利”，贷记“应付股利”。分配完毕后，将“利润分配”的余额转入“利润分配——未分配利润”。

(3) 所有者权益的核算。投入资本和未分配利润已述，这里简述资本公积和盈余公积的核算。

“资本公积”科目用来核算广告公司的股本溢价、接受的现金或非现金捐赠等，应借记“银行存款”、“固定资产”等科目，贷记“资本公积”及其相应的七个明细科目。

“盈余公积”科目用来核算按规定提取的盈余公积、公益金的增减变动情况。盈余公积和公益金的提取已述，这里介绍其使用的核算。盈余公积和公益金可以用来弥补亏损、转增资本、分配股利和办职工福利事业，借记“盈余公积”，贷记“股本”等相关科目。

三、广告业所涉及的具体税种

(一) 营业税方面

自 2000 年 1—12 月，北京市包括所有广播电台、电视台、报刊、杂志、专业广告公司等其他类型有广告业务的单位（或部门）共有 4549 户，共取得广告业应税收入 150 亿元，已实际缴纳营业税——广告税目税款

7.47亿元，占全市当年营业税入库额（149.39亿元）的5%，比1999年同期增收1.8亿元，增长31.58%。

营业税征收中发现的问题有：媒体和广告公司的广告收入（包括广告代理收入、广告制作费、广告价款及价外费用）记入账外账或在广告业务已完成的情况下仍挂在往来账上（应付账款等科目），不缴、少缴营业税金及附加、文化事业建设费；媒体和广告公司收取的赞助费未计入收入，媒体与企业（广告公司或广告主）合作、合拍节目或播放的节目等有宣传内容，收取的费用即赞助费未计入收入（企业支付的赞助费实质上是为达到一定程度的广告宣传目的，所收取的费用应视同广告收入）。

（二）企业所得税方面

2000年以前，由于企业广告费用可计入成本，结果不少企业税前列支混乱，有的公司年度广告投放竟占到销售收入的25%。2000年，国家税务总局制定下发了《企业所得税税前扣除办法》。其中规定，纳税人每一纳税年度发生的广告费支出不超过销售（营业）收入2%的，可据实扣除；超过部分可无限期向以后纳税年度结转。粮食类白酒广告费不得在税前扣除。

在2001年初，国家税务总局对上述政策进行了调整，主要包括两方面：一是制药、食品（包括保健、饮料）、日化、家电、通信、软件开发、集成电路、房地产开发、体育文化和家具建材商城等行业的企业提高广告税前比例，每一纳税年度可在销售收入8%的比例内据实扣除（原来为2%），超过比例的部分，可无限期向以后纳税年度结转；二是从事软件开发、集成电路制造等业务的高新科技企业、互联网站，从事高新技术创业投资的风险投资企业，在登记成立的5个纳税年度内，经主管税务机关核实，广告支出可据实扣除。

通过以上的改革，一方面有效地控制了内资企业的广告支出税前列支混乱的情况，而且体现了税收与国家产业政策相呼应的姿态。下一步将需要考虑内外资企业广告支出标准如何统一的问题。

具体而言，企业所得税征收中发现的问题有：资本性支出计入费用，加大成本；故意提高采购进价，转移利润；虚列成本，将未发生的业务费用转入成本等，减少应纳税所得额。

（三）个人所得税方面

由于我国流通领域大量使用现金，而且广告业的流转环节中缺乏第三者的监督，因此，发放劳务报酬、稿酬，支付职工集资利息等未代扣代缴个人所得税的问题突出。

（四）印花税方面

业务合同、租赁合同少贴印花税。

（五）发票方面

未按规定取得、开具发票，或发票来源不明、以收据代替发票等。

（六）其他方面

未按规定办理税务登记、未申报纳税，未核定缴纳固定资产投资税（目前已停征）等。

四、我国的广告代理制度及目前存在的问题

党的十一届三中全会后，我国进入了社会主义建设的新的历史时期，随着改革开放的不断深入，各项事业全面恢复和发展。在这一时代潮流的推动下，中国的广告业也得到了空前的发展。十一届三中全会以来的一段时期，是我国社会经济发展最快的一段时期，也是广告业迅速发展壮大的黄金时期。

广告业的迅速崛起并成为第三产业中的后起之秀，得益于改革开放的大好形势。为广告业的发展创造良好的内在机制和外部条件，我国从 1993 年开始而推行广告代理制，这是广告业深化改革，加速发展的一项重要举措。

（一）广告代理制的含义

广告代理是广告公司的基本功能，它是指在广告经营活动中，广告公司处于核心地位，广告主委托广告公司进行广告的策划和实施，广告媒体通过广告公司承揽业务，出售版面或时间。这样的广告经营机制就是广告代理制。

广告代理制的特点是在广告业的三位一体——广告主、广告公司和广告媒介中，广告公司占据中间位置，是广告主与广告媒介联接的桥梁，一头是需要做广告的客户，另一头是能提供广告手段的媒介单位。广告公司实质上实行双重代理：一是代理广告主开展广告宣传工作，即从事市场调研、拟订广告计划、设计制作广告、选择媒体安排刊播，提供信息反馈或效果测定；二是代理广告媒介，寻求客户，销出版面或时间，扩展广告业务量，增加媒介单位的广告收入。

（二）广告代理制运行的基本要点

广告代理是专门从事广告服务具有法人地位的、自主经营的经济组织。它应该不依附于任何广告主或广告媒介，是在广告交易中的中间者，应具有客观公正的立场。

广告经营中承揽与发布分开。广告公司承揽广告业务，将设计制作好的广告投放在媒介上；而媒介单位专司发布广告，提高信息的传播、接受质量。双方分工协作，优势互补。

实行佣金制。广告公司主要收入来自媒介用广告版面时间的售出而给予的佣金。按国际惯例，大众传播媒体的佣金比率是广告费的15%，户外广告为16.67%；我国现行的标准为10%。

代理认可制。“代理”首先要被工商行政管理机关核准，但这并不意味着该广告公司有特别的质量和大量的业务。按照国际惯例，广告代理的认可是由媒介或其团体根据广告公司所实际具有的财务状况、业务能力、信用、声誉，承认其代理资格，允许按照购买版面时间的数量，提取佣金，并可赊买媒介的版面时间。

代理充当业务委托人。广告代理代表客户与媒介交易时，在法律地位上即为委托人，负责支付因客户广告所发生的债务。如果客户破产或违约，广告代理须负担支付账单的责任。

（三）广告代理业的类型

广告代理业的类型一般是以其所经办的业务类型或以其提供的服务范围来划分的。在我国，又以所有制性质来划分。广告代理业类型总的趋势是越来越细，越来越专业化。按照其功能和业务内容，主要类型有：

全面服务型代理业，亦称营销导向型代理业。它从市场调查开始，协助广告主制订营销计划和广告计划，并付诸实施；在传播和推广的各个方面都能为客户服务。主要内容包括：研究产品或服务；研究现有的和潜在的市场；了解客户的销售因素；熟悉媒介的特点和影响力；制订广告计划；实施广告计划；从事其他营销组合工作。全面服务型代理是广告代理业的主体，其发展程度如何是一个国家或地区广告事业发展程度的标志。如日本前10名广告公司的营业额占全国总额的50%以上。这种广告业务的集中性，说明了全面服务型代理的实力强大。

有限服务型代理业是创作导向型的，以设计制作广告为主要业务。它将事先制订好的营销计划发展为广告计划，并进行创作。这些代理业不负责媒介购买，不需要媒介认可，直接向客户收费。但它也可受客户委托向媒介代理购买媒介的时间或版面。这些创作行的代理业，人才是高水准的，往往召集兼职的或自由职业的撰稿人、设计师、电视制作人员来完成定单。他们除了制作广告外，也承担电视广告和展览制作、包装和 CI 策划。

专业性广告代理业，它经营特定的广告领域的代理，擅长某类商品广告或某种媒体的广告业务。包括：工业品（生产资料）广告代理业、金融广告代理业、新产品开发广告代理业、直销广告代理业、主办活动的广告代理业、户外工程广告代理业、交通广告代理业、礼品广告代理业、分类广告代理业、影视广告代理业和专属广告代理业等。

（四）我国广告代理业的发展历程

广告代理制是广告现代化的一个标志。世界上发达国家和地区已实行了几十年乃至上百年。建国以来，我国广告代理业是在曲折坎坷的道路上向前发展的，大致可分为三个时期：

停滞时期：1949—1979 年，我国由于实行计划(产品）经济，排斥商品经济，排斥广告。1956 年，上海将分散经营的广告业改造成独家经营的广告公司，其主要业务是户外、店铺广告和包装装潢的设计制作，代理业萎缩。到“十年浩劫”时期，广告更是销声匿迹。

恢复时期：1979 年以来，实行改革开放，商品经济迅速发展。一方面，企业需要做广告，媒介也需要广告费收入，另一方面，广告代理业由于人才青黄不接，力量薄弱，加上对广告公司的发展实行总量控制，因此，媒介单位（包括大众传播媒介和有广告发布场地的单位）兼营广告的业务发展较快。但是，广告行业的发展却困难重重。

发展时期：自 1992 年春邓小平南巡讲话后，全国上下解放思想，转变观念。中共十四大又确立了建立社会主义市场经济体制的目标，而且国家又明确广告业属于知识密集、人才密集型的新技术产业，列入重点发展的行业；提出广告行业的改革重点是向国际通行的广告代理制过渡。广告行业的发展有了前所未有的良好大环境，广告业的发展速度更是史无前例。

（五）我国广告代理制实施中存在的问题

广告代理制是一种全新观念，也是一种全新的实践。任何一个新生事物从产生到发展都要经历一个过程。目前，广告业的发展仍呈方兴未艾之势。但由于广告业现时运行机制是在旧体制中形成的，相对滞后，中国广告的发展无论其在量的递增上如何神速，在质的方面离现代化、国际化还有很大距离。因此，在广告业的发展过程中也暴露了许多问题。

1. 广告业中的短期行为。众所周知，广告代理制是借鉴发达国家之经验、符合社会分工和经济规律的广告经营机制。其初衷是：通过广告公司这一中介机构，为广告媒体联络更多的客户。对客户宣传媒介，向媒介宣传客户。变媒体应付成百上千的客户为面对若干家广告公司。同时，在客户和媒介之间有个中间人，作业质量有了保证，付款相对来说也有了保证，因为多了一位民事纠纷的连带责任人。

在代理制实施的同时，国家工商局还发布了《广告经营者资质标准及广告经营范围核定用语规范》的通知，其中明文规定：拥有代理权的广告公司必须是注册资金不低于100万元人民币，并且能够为广告主提供全方位服务，包括广告策划（市场调查、广告战略等）、广告创意（结合市场和消费者需要给出整体的创意）和媒介代理（包括媒介计划）三部分，代理商可以从媒介处收取15%的代理费。

正是拿上台面的15%的代理费，规范了市场，也扰乱了市场。在中国这个特殊的市场环境下，代理制和15%的代理费铸就了一柄双刃剑。

因为有了代理制，媒体和客户都发现了一个叫肥水不流外人田的生财之道。一时间，媒体和客户办的广告公司蜂拥而起。时至今日，几乎每家媒体或国企都要办一家或是两家广告公司。而社会上的许多人认为办广告公司是高雅的无本生意。“空麻袋背米”，一时间，新成立的广告公司多如牛毛，以至于诸如北京工商局对新办公司亮起了红灯。此后一段时间，北京市广告公司的营业执照成了稀缺之物，被炒至高价。至于买断电视广告时间和有些报纸的版面路牌等，则全由富有“想象力”和“开拓性”的人所发明，一年时间太漫长，何不通过拍卖，一次性地搞个明白清爽，早早地把15%代理费拿到手。于是，有些媒体和一些广告公司（有些是策划人）不谋而合，玩起了炒买炒卖的游戏，客户则被他们牵着鼻子走。

15%的广告代理费，加速了广告经营活动中的短期行为，几乎和正在断送广告代理制的前程。比造就了一大批客户型和媒介型广告公司更为严重的后果是：其分化与瓦解了一批曾经颇有实力的综合性广告公司，许多专业人才另立山头，当起了一家家小广告公司的总经理，而其专业特长因其公司规模的原因无从发挥，广告业整体创意、策划、服务水平在降低。与此同时，外资来华合资合作广告公司便以其创意新颖、服务周到而长驱直入，营业额和口碑节节上升。

2. 广告公司业务素质不高，影响了广告业全面代理业务的发展。实行广告代理制的重要条件是：作为代理的广告公司必须具有能够为客户的市场营销提供科学的广告策划和为实现这一策划提供一系列专业服务的能力。目前许多广告公司都不具备这个能力，这是我国广告业发展的主要薄弱环节，也是阻碍广告代理制建立的重要原因。其问题主要表现在：机构设置不合理，内部管理不规范，缺乏科学的作业流程；专业人才配备不足，特别是调研、策划、创意人才不到位，缺乏较高的专业水平和综合服务能力；广告公司功能单一，经营方式落后，无法完成全面代理业务；此外，广告业务人员法律观念淡薄，广告经营中不正当竞争行为时有出现，虚假广告还大量存在。

3. 广告媒体在广告业中居于垄断地位。中国媒介的性质和功能组合在当今世界是独一无二的。我国一些主要新闻传播媒体由于历史和体制的原因，在广告经营中常常处于一种特殊的地位，即带有明显的垄断性，媒介的专营在市场经济格局中实际上形成了相对垄断的利益。不像西方国家那样，传播媒体是多元化和富有竞争性的。这就使得我国主要的新闻传播媒体在开展广告经营中具有得天独厚的优势，而无需专业广告机构的帮助；另一方面随着新闻媒体的增多，加强了它们之间对广告客户的争夺，致使媒体部门抛开广告公司，直接向企业拍卖播发时间或版面并以新闻形式承揽广告。上述问题带来负面影响是：(1) 造成媒体部门多头经营广告的混乱局面；(2) 媒体部门很难综合企业产品、市场消费、竞争对手等因素，对广告进行全面策划、整体设计及有效控制，从而造成大量无效广告，给企业造成损失，也带来广告秩序的混乱；(3) 媒体集承揽与发布于一身，在广告经营中处于垄断地位，广告业没有竞争就不能发展。

4. 广告代理市场存在恶性竞争。媒体垄断地位导致的恶性竞争已使目前的广告市场陷于一个更为深层的桎梏。目前广告市场的竞争力并非取决于广告公司的服务和创意，而是取决于其所拥有的媒体的垄断地位。靠着这种地位，广告公司成了媒体和广告主的“双重代理”，所谓的代理费变成了吸引顾客的折扣率。而一旦“折扣率”取代了“创意”和“服务”，成为广告市场吸引顾客的“竞争力”后，广告市场就陷入了一种纯粹的“价格竞争”之中——广告市场拼的就是谁能出更低的价格。其结果是广告公司的业务能力荒废了，媒体的广告利润被压低了，而企业品牌的广告效应也因此大打折扣。只为招揽客户而盲目杀价的结果是大多数广告公司经营艰难，无法获得应有的利润。微薄的利润给大部分广告公司的生存带来严重的危机，使它们无余力去扩充设备，招揽人才，改善员工的工作环境，提高服务的质量。从短期利益看，媒体与广告公司的牵手的确能造就出特别的优势，而一旦这类“牵手”成了一种行业法则，受损的只能是媒体与广告公司的共同利益。显而易见，目前的格局下，媒体与广告公司之间的关系绝非“双赢”，而是同一块利润分成的此消彼长。不正当的价格竞争是目前阻碍国内广告业发展的最主要原因。广告市场的进一步发展要求告别关系和价格的低层次竞争，呼唤一种健康的游戏规则。这种规则要求割裂媒体与广告公司的关系，形成一种良性循环的竞争机制：广告公司凭服务、创意去赢得市场，企业能寻到优秀的广告代理去营造品牌，而媒体也能真正分享广告市场的繁荣。

5. 广告公司的零散化运作。中国广告公司目前的产权结构是多元化的。大中型国有企业和集体企业普遍采取内部承包和合资方式摆脱经营困境。中国广告从业人员缺乏如日本、韩国从业人员那样的注重民族和群体生存价值的文化心理，却有强烈的个体创业愿望，凭技能吃饭的自信。中小规模广告代理组织仍占主要部分。目前，多数广告代理组织是中小规模的，有的广告公司只有三四个人，办公条件也很差，综合性的广告代理依然是少数。这种来源于小生产模式的心理，很难形成长期的契约性雇佣或合作体制。迷信产权利益，看重短期回报，追逐市场投机，漠视行业规范，导致中国广告业不仅不能如日韩两国那样以本民族广告业主导本国广告市场，甚至未能建设起如台湾联广那样的公司。因此中国广告市场份额的民族广告业主导局面实际是依靠媒介垄断经营来保证的，在广告代理方面已经由跨国公司主导。

中国广告业实力脆弱的突出表现是综合广告代理公

司的不成熟。在发达国家，综合广告代理公司的数量并不多，如日本只有十多家，美国也不过二十多家，但其业务量却占其国内广告市场份额的70%～80%。在中国，具有这种经营能力的广告代理公司寥寥无几，其市场份额总和也不过20%～25%。大型的综合广告代理公司的多寡与实力正是中国与外埠广告界的主要差距所在。这样大型的广告公司除了广告制作、媒体购买、市场调查等项目，还拥有许多经营管理方面的高级顾问人员，组织庞大，人员也多。具有综合性广告代理机能的中型广告公司，人员至少也有50个左右。

综合广告代理公司的发育程度代表了一个国家或地区广告业的发展水平，综合广告代理公司的成长不是短期内一蹴而就的，它是一项长期的战略性工作。

6.广告法制不健全。目前实行全面代理制虽然被确定，但由于各方面原因，国家并未拿出强有力的措施来保证其实施。广告监督管理由于管理体制的原因显得执法力度不够，实行代理制举步维艰，甚至滋生了大量不正当竞争行为。其具体表现为：(1) 广告经营者以回扣、贿赂手段承揽业务。由于上述广告经营中的功能错位交叉、广告公司僧多粥少，某些广告公司为获得客户，通过贿赂手段或从广告费中返回回扣收买客户决策人；(2) 某些广告公司故意压低代理费，将代理视作简单的转手，不进行市场调查或创意策划，以低于成本的服务价格来排挤竞争对手；(3) 由于媒体的瓶颈效应，其广告业务量过剩，故有些广告媒体在选择广告代理公司时厚此薄彼，条件苛刻，使一些广告公司失去代理资格。还有一些媒体对代理广告虽未拒绝，但拒付或少付代理费，损害了广告公司的利益。实行代理制后，许多媒体纷纷成立广告公司，规定必须由该广告公司代理后方可发布，其实质为独家垄断；(4) 广告经营者、媒体单位在利益驱动下，有意为企业设计、制作、代理发布虚假广告；(5) 广告环境监管体系的不完善。总的来说，广告监管仍然是单一的行政监管，缺少行业自律和社会中介监测评估；偏重广告信息内容监管，缺少广告市场机制的调控；偏于政策性监管，缺少专业技术性监管。

7. 国家的重视不够。国家行政管理机构和广告业界对于发展本国广告学术研究、提高广告专业教育水平重视不够，或者缺少支持力度。美国和日本广告业成功的一条共同经验是，全力支持本国的非营利性的广告高等教育和学术研究，刺激才智禀赋优秀的学生对广告的兴趣。日本电通在 1946 年创办广告研究刊物；1948 年创办电通广告奖；1949 年创办学生广告论文竞赛，并对高等院校广告教育提供资助；其后又创办了媒介发行量审计机构、日本广告代理协会、日本广告评论组织，出版电通广告年鉴、市场与广告年鉴、日本报纸年鉴。电通也是最先主动向中国高等院校广告专业提供资助、信息资源和师资培训的跨国公司。电通的运作不仅决定了它在日本广告业的领导地位，也体现了跨国资本对中国广告市场的长期战略。

五、目前在税收征管中广告业存在的问题

（一）广告征管的外部环境

1. 具有客观独立意义媒介评价机构亟待成立。目前中国的广告业存在广告行业的自律组织——广告协会，虽然其负有监管职责，但实行的松散的会员制管理，只有缴纳会员费的企业才是协会成员，所以，成员范围不够全面、广泛，而且其成员所提供的数据资料可信度不高、稳定性不强，无法保证数据的真实性和可持续性。

而在大众传媒发达、消费活动旺盛的西方国家，一般都设立有一个具有客观独立意义的媒介评价机构，其中最典型的是 ABC 组织（Audit Bureau of circulation：发行量监查公证机构）。美国首先于 1914 年成立“亚美利加 ABC”，拥有四千多会员，英国、加拿大、瑞士、丹麦、法国等，也在第二次世界大战之前相继成立 ABC 组织。1963 年，国际 ABC 联盟（International Federation of Audit Bureaus of Circulations）成立，在 ABC 组织没有成立前，报纸杂志的发行份数是媒介的高级机密，广告主选择何种媒介全凭经验和直觉，ABC 组织成立后，对媒介的选择与利用趋向合理化。ABC 组织一般以客观的立场向社会公布报纸、杂志发行份数以及提供其他有关媒介的资料。因此，借鉴国外经验，

成立发行量监查公证机构，不仅能使中国广告业按规范化、科学化的制度运作，而且使得税务机关能从正常有效的渠道获得广告业的税源信息。

2. 税收信息采集网络亟待健全。随着经济的高速发展以及计算机等高科技手段在财经领域的应用普及，涉税违法案件日益体现出手段变化快、关系复杂、涉及面广的新特点，在这种新形势下，要全面、准确、及时地查处涉税案件，在举报基本情况的基础上依托市局大系统通过多种渠道尽可能获取相关信息至关重要。在这方面，税收信息采集网络还不健全，渠道还不太畅通，国际上通行的税务情报交换等手段在工作中还没有形成制度，这些都造成了案件信息工作的局限性，直接影响了其他三个环节的工作。

目前，对于可以利用的外部数据来源以及存在的问题如下：

（1）工商局监测系统。工商部门对广告业的监测主要侧重于广告内容的检查，一般采取定期或不定期的方式进行，而且是按分类广告抽检。具体抽检方式是报社定期提供报纸，工商部门对所刊登的广告审核有无违反广告法以及其他规定的现象。工商部门能够提供纳税人的基础资料，诸如注册、户数、变更、注销等内容，这部分数据通过与税务机关计算机系统联网，税务部门可以直接从网上查到。它的不足在于，并没有形成全面、系统的监管，对电视台目前还没有介入；不具备提供与税收相关的数据的条件，尤其是进行纳税评估所必须的各项财务指标。

（2）统计局。由于广告业是近年才发展起来的新兴行业，所以统计局尚未将其作为一个单独的行业进行分类条件。而且统计局提供的数据因口径、范围不同，与税务部门的数据口径存在较大的差异。如果单独对某个单位进行统计、对比困难较大；如果按行业统计又与企业申报载入大系统中的行业范围不能完全一致，分解困难同样也很大，无法进行评价对比分析。

（3）广告协会。如上所述，目前的广告协会，由于实行松散的会员制管理，只有缴纳会员费的企业才是协会成员，所以，成员范围不够全面、广泛，而且其成员所提供的数据资料可信度不高、稳定性不强，无法保证数据的真实性和可持续性。

（4）广告公司及广告代理公司本身。因无主管部门，目前无法直接集中提供稳定、可靠的相关数据资料，没有一个现成的数据传递渠道。

（5）广告专业网站。目前有一些专业性的广告网站提供关于广告业的详细信息。比如慧聪广告咨询网就提供了详细的广告主、发布媒体、广告公司的不同时间段的分类信息。这种方式的局限性在于：首先它提供的主要是广告供求、报价、构成等方面的信息，纳税评估可利用的财务经济指标不多；其次，由于这些都是商业网站，所提供的数据的可信度和依据性不强。

（6）广告咨询调查公司。目前社会上存在着一些专门从事信息搜集分析的专业信息公司。这类公司的人员素质高、信息搜集全、汇总分析方法手段科学先进，提供的信息可信度高，可以作为税务机关获取高质量信息的一条捷径。

在目前税务信息网络不够健全的局限下，税收监控体系的建立应该从媒体着手，这是因为：第一，媒体相对于广告公司、代理公司数量少，但广告收入金额较大，且一条广告不论其制作多么复杂、经手过程多么繁琐，最终都要通过媒体反应出来，所以把握媒体的广告情况，便于我们从总量和根源上把握整个广告行业的情况；第二，媒体与广告代理公司的代理关系在一定时期（通常是一年）内是稳定的，广告代理公司通常采取买断栏目（电视、广播）和包版（报刊）的形式而且由于公司实力等因素，大多数的代理公司只经营一至两个栏目或版面，这样，从媒体入手分别依据电视台的广告发布时段表和报刊的广告版面以及买断这些时段和版面的广告代理公司名单，逐一对照计算，即可得出一套独立的外部资料，从而与大系统的内部资料进行对比分析，实现纳税评估；第三，由于媒体之间、媒体与广告公司之间、广告公司与广告公司之间既相互联系，又相对独立，这样，在工作初期条件还不太成熟的时候，可以先从一两家大的媒体入手，局部地开展工作，在工作中不断积累经验，逐步扩大监管范围，最终完善到整个广告行业，完成从点到面的过程；第四，媒体与广告代理公司签订协议，确定代理关系一般在每年的三、四月份，其合同等资料一般保留两年（法律的有效溯及期），而我们进行纳税评估、纳税检查的对象期间是企业过去一年或两年的纳税情况、专业，从媒体上取得的资料与税务机关的工作内容在时间上相对应，而且为税务机关整理外部资料留出了充裕的时间，具体操作性强。

3．审核评税、对比分析的过程中缺乏对已获得资料的综合分析。目前，税收监控工作中确定了审核评税的四项主要内容，即对纳税资料的审核；纳税申报情况与财务会计报表等资料之间的审核；内部资料与外部资料之间的对比分析；对执行税收政策方面的审核；应审核评税的其他内容。而且税务机关初步尝试通过对获取的综合资料信息进行对比分析，在基础数据的搜集整理以及具体工作方法的研究过程中，实现纳税评估，取得一定效果。比如，在数据处理过程中，某广告公司2000年全年支付给媒体的广告费为230万元，而其申报收入只占支付媒体费用的10.7%，大大低于通过分析确定的30%～50%的正常水平。在反复核实、计算后立案检查的结果证实了判断正确。

但是，在税收信息采集网络不健全，渠道不畅通的同时，对通过市局大系统等途径获取的资料信息的利用还很表面化，缺乏对比分析，提炼有用内容等综合手段，没有根据现有的信息资料筛选和归纳出主要选案疑点供稽查人员参考。这样就使案源提供给稽查人员的信息过于庞杂，没有针对性，大大降低了信息的利用价值。

4. 案件来源单一，主观能动性差，不利于整体工作安排。税务稽查分局以查处涉税大要案为主要工作内容，这客观上使案源在过去很长一段时间内局限在稽查分局受理举报、市转举报、市局专项检查、延伸检查和协查五种形式，这些案件来源无一例外地都是从外部被动获取的，这使得整个案件的数量和质量的稳定性得不到保证，经常出现在某一段时期案件激增，稽查压力过大，而在另一段时期案源匮乏，稽查力量闲置的情况，而且，这种案件数量的变化也并不能真实客观地反应某一时期纳税人依法纳税的情况以及偷漏税等涉税违法行为发生的趋势。另一方面，案件数量的波动不利于全局整体工作的安排，由于案件来源是被动的，很难控制案件数量的波动，这就使许多原来计划好的其他工作由于案件数量多、工作压力大而无法正常进行，不利于全局整体工作的计划和实施。

（二）广告征管中内在的问题

1. 广告代理公司和广告发布者存在的逃税倾向。

（1）广告代理公司和广告发布者之间的关联交易。我国的广告业目前实行的是广告代理制，在一个完整的广告活动中涉及广告主、广告代理公司和广告发布者。然而由于广告业的代理制发展还不成熟，一些广告代理公司与原来的广告发布者并没有从实际上脱离，从而产生了中国特色的关联交易。尽管两者名义上分开了，从法律的角度属于母公司与子公司的关系。但实际上两者从人员、财务到资产并没有分开，广告代理公司并非真正意义上的独立法人。从税收角度来说，这样的做法导致了关联交易的发生。一方面由于中国的国情，对于一些广告发布者，政府从税收上给予了许多优惠，如果两者不真正的分开，会出现广告代理公司的利润向广告发布者“上转”的现象，属于不合理地滥用了税收优惠，逃避企业所得税。另一方面容易导致腐败。即除了上转利润，同时还存在着下转利润的现象，这种行为类似于设立小金库，主要的目的是为了资金使用上方便。

（2）广告代理者和广告发布者合二为一。尽管在法律上，广告代理者和广告发布者是不同的主体。然而在实际中，两者常常会合二为一。比如在目前的移动广告——公交广告中，广告代理者出资买断了广告的经营权。这在实质上是集广告代理者和广告发布者于一身。由于税法对两者的规定不同，广告代理者的营业税是以代理者向委托方收取的全部价款和价外费用减去付给广告发布者的广告发布费后的余额为计税依据。当广告代理者和广告发布者的身份合一后，在上缴税款时，按照的是广告代理者的身份，以差额纳税，从而偷逃税款。

（3）广告业中回扣现象严重。作为一个新兴的行业，广告业的发展不成熟，广告业的竞争也是不完全的，从而存在着大量寻租——拿回扣的现象。广告业中回扣的方式有两种：一是扩大成本开支。这是一种变相的给付回扣的方式。比如广告公司替广告主报销费用等，从而逃避了企业所得税；二是隐匿经营收入，坐支现金等。这一般发生在小规模的广告代理公司，主要是逃避个人所得税。

（4）少缴文化事业建设费。根据财税字［1997］95号文件财政部、国家税务总局《关于印发〈文化事业建设费征收管理暂行办法〉的通知》的规定，营业税服务业税目中的广告业和娱乐业两个子税目的纳税人在缴纳营业税的同时要缴纳文化事业建设费，而按营业税服务业税目中的其他服务业子税目计缴营业税的纳税人不需交文化事业建设费。由于存在这种区别交费，使得各类广告代理公司在计算营业税时有机会“错”用税目，把应记入广告业子税目的收入记入其他服务业子税目，达到少交文化事业建设费的目的。

（5）软广告的税收问题。广告的表现形式有很多种，像报刊上的文字广告、电视上的广告等形式无可非议是应纳广告税的。但是有些广告不像上述几种广告那样概念明确，如报纸上的报花、杂志上的一些宣传企业形象、产品或介绍企业领导等内容的文章，以及媒体特许企业的冠名权行为实质上起到了广告的作用，这些可以称之为“软广告”。代理公司以及媒体应像处理广告那样进行这些软广告的会计核算及计缴应纳税额。但一些代理公司只按其他服务税目缴税，少缴文化事业建设费；一些媒体不确认收入，逃避软广告应交的营业税。

（6）发票所导致的涉税问题。如前所述，广告代理公司按差额缴纳营业税。税务机关在对代理公司征收营业税时，通常以发票作为抵扣应税营业收入的第一凭证。2004年下半年的北京市发票改革，取消了广告业的专用发票，不再区分其他服务业、娱乐业、广告业等具体税目，使得各公司少缴广告税及文化事业建设费更为方便，也使得税务部门征管和稽查变得更困难。

2. 税收制度自身的漏洞。

（1）应税收入的界定。目前营业税中关于广告税目的应税收入是制作收入、发布收入和代理收入。但随着经济的发展出现了很多新的方式。比如软广告、报花和挂版等。软广告表面上不是广告的形式，但实质达到了广告的效果。诸如介绍企业负责人的业绩，描述山水风光等间接地达到为企业做广告的目的。由于税法采取的是列举的办法，所以对于这些收入没有能够及时地纳入征税范围。

（2）税目的界定。税目的界定指的是如何界定广告业和其他服务业的差别。由于税法对广告业和其他服务业有不同的规定，企业可以通过将部分广告收入转为其他业务收入的方法达到避税的目的。比如冠名权问题。冠名权是指企业通过冠名赞助广告发布者的活动达到广告的目的。由于没有明确的规定，很多企业将其计入其他服务业。而这两者的差别是广告业收入还需要缴纳3%的文化事业建设费（以应纳营业税为计税依据）。企业通过计入其他业务收入，逃避了需要缴纳的3%的文化事业建设费。

（3）纳税地点。目前，随着广告公司不断的发展，它们的业务范围也逐渐地遍及全国。由此产生的税收问题是其应收劳务的确认。由于营业税法规定，纳税人提供应税劳务，应当向应税劳务发生地主管税务机关申报纳税。但同时又规定，应申报而未申报的，由其机构所在地主管税务机关补征。这样，使得这些遍布全国的机构的营业税基本上是向总部所在地的税务机关申报的。一方面影响了应税劳务发生地的税收收入，另一方面不利于税收的征管，是逃漏税的一个重要方面。

（4）计税依据的问题。目前，广告代理业的应纳营业税是差额纳税。即从广告主收到的全部收入扣除支付给媒体的收入，以此差额纳营业税。法律上对于广告代理业的收入规定为总收入的15%。然而多级代理的存在使得这一标准在实际中并未能真正的推行。代理收入相差悬殊，税务机构很难知道其真实发生额。而且，由于可以抵扣，诱使广告代理公司多方找票去抵收入，从而侵蚀了税基。

（5）发票管理的问题。作为管理的重要手段，广告业发票在广告业的税收征管中发挥着重大的作用。然而，对于广告业的发票目前没有有力的措施。一些广告发布者逃税的手段之一就是设立皮包公司。由皮包公司（非广告代理公司）收取款项，开具广告发布者的广告发票，从而达到逃避营业税的目的。而且，在北京市8月1日推出的新版发票中，取消了广告业专用发票，代之以体育、娱乐和服务业发票，这样更是加大了广告业监控的难度。

（三）网络广告税收征管中存在的问题

1. 不同于传统广告的运作方式。网络广告作为发展势头很快的新兴广告媒体，被广告业内称为第四媒体，由于其依托现代计算机和网络技术，所以在形式、载体、核算等方面与传统的报刊、电视、广播三大媒体有许多的不同。

（1）网络广告的形式。网络广告主要有旗标广告（banner）、按键广告（button）、动画广告（flash）、频道标题广告等几种主要形式。

（2）网络广告的计价核算。网络广告区别于传统广告形式的最大特点就是其按点击率计价的特殊核算方式，通常的做法是，网络广告发布者在为广告客户发布广告的同时，向客户提供一个具有监测该则广告点击率功能的网址，客户根据实际点击率按照事先的约定支付广告发布费。

（3）网络广告的业务流程及由此引起的业务分工。由于网络广告依托电脑及网络，技术要求较高，制作及监测需要由专门的技术公司完成，所以其业务流程及业务分工体现出与传统媒体不同的特点。以新浪网为例，新浪网除自身的网络公司外，成立了专门的新浪广告公司，垄断性代理其广告业务，新浪广告公司按月定额向网络公司支付“网络空间占用费”。新浪广告公司对外承揽新浪网广告，由专门的技术公司进行网络广告的制作、发布（在技术上将制作好的广告放到网上）、维护及点击率的统计，新浪广告公司向其支付“技术服务费”。这样就形成了由网络公司维护网络，提供网络空间；由广告公司联系客户，代理广告；由专门的技术公司制作维护、统计服务的分工体系和业务流程。

2. 网络广告存在的一些问题。

（1）网络广告的地位和性质没有得到普遍认可。网络广告的地位及网络广告经营企业的性质没有得到普遍认可，许多环节还没有理顺。如新浪网，由于相应税收法规没有明确规定，主管税务机关（当地税务所）将新浪网认定为技术企业，不承认网络是媒体单位，不允许新浪广告公司将支付给新浪网的“媒体发布费”（取得广告业专用发票）按照广告代理业差额纳税政策抵减广告应税收入。

（2）在税收监管上，由于网络广告按点击率计算价格，没有传统的报刊、电视等媒体按版面、按时段明码标价直观、便于监督检查。

（3）网络广告公司与专业技术公司间的定价及资金往来应引起税务部门注意。由于网络广告技术含量较高，其制作、投放、维护及点击统计等大量工作只能由专门的技术公司完成，由于这些技术公司多为高新技术企业，在企业所得税上享受一定的税收减免优惠政策，所以存在网络广告公司通过支付偏高的“技术服务费”，将广告收入转移到享受税收优惠政策的技术公司中，进行避税的可能。另外，技术公司向网络广告公司收取的广告制作费应按服务业——广告业缴纳营业税及附加和文化事业建设费，技术公司在实际操作中是否错按服务业——其他服务业核算少缴了文化事业建设费应作为税务检查的一个重点。

（四）加强广告业税收征管的几点建议

1. 认真实施《广告法》，建立真正意义上的广告代理制。税收征管的有效实施离不开外部环境的完善。只有通过规范和完善广告市场，建立真正意义上的广告代理制，使广告代理公司成为真正意义上的法人，才能避免上述的滥用税收优惠的现象，进而使得税务机构更好地依法征税。

2. 健全税收信息采集网络。实现有效监管的前提就是有健全的税收信息采集网络。不仅要努力寻找外部的信息资料，同时要挖掘本系统提供的内部资料。在广告业可以利用的外部数据来源有：工商管理机构的监测系统；统计局的统计数据；广告协会的相关评估以及一些广告专业网站。

3. 建立税源监控、纳税评价立案体系。税源监控、纳税评价立案体系是一整套搜集、提炼和综合分析信息的工作体系。它是一种在现代信息化技术支持下的全新的税务稽查工作模式。它的工作基础是内外两套独立的信息资料的对比分析。通过建立纳税评价立案体系，可以做到“广、准、细、严”。“广”即是在资料搜集上突出全面性；“准”即是在确定评估对象上突出准确性，把重点放在有过偷、漏税行为、长期异常零负申报以及突然出现低税负的企业；“细”即是在审核评析上突出仔细性，通过纵横对比和综合比较分析发现问题；“严”即是在举证确认时严格执法程序、从严执行政策。

4. 完善营业税。广告业作为新兴的行业多数超出了原营业税规定的范围，对原规定提出了挑战。因此，营业税应适应经济形势的变化做出相应的调整。具体而言，应该在应税收入的界定、税目的界定和计税依据等方面及时做出调整。

六、对公交广告的实例调查与分析

搞清公交系列户外广告媒体的业务运作过程，发现一些具有普遍性的问题和规律，为进一步深入开展北京市广告行业的纳税评价工作积累经验，是我们对公交媒体立案调查研究的一个重要目的。

（一）北京市公交广告媒体的基本形式及特点

1. 公交车身媒体。

广告位置：公交车身。

广告规格：全车身彩绘——全车改变底色，手工绘成画面。

车身彩贴——新型车车窗以下部分，约15～30平方米，普通车车窗以下1米宽。

媒体特点：

（1）覆盖面广，形成网络。公交广告覆盖面之广是任何媒体无法与之相比的；

（2）持续展示，北京公交车辆的全天运营时间为20小时左右，因而广告展示时间从早晨5时一直延续到晚间23时；

（3）受众量大，每天近千万人次的公交客流使公交广告成为拥有最大被迫受众群的广告媒体；

（4）自然平和，车身广告给人一种亲和感，能自然接受广告传播；

（5）冲击力强，车身广告色彩鲜艳，画面和谐，图文并茂，流动性又带来重复性，因而带来强大的冲击力；

（6）可信度高，公交车与市民生产、生活息息相关，广告传播渠道畅通，认可度高，宣传效果自然好；

（7）价格适当，公交广告成本不高。学会选择公交作为一种广告媒体形式并恰当地计划支出，可使广告主少花钱多办事。

广告维护：广告所在的线路负责广告画面的清洁。公司内设检查小组，专司检查广告上刊质量、数量、破损情况及修复工作。

广告价格：

按线路的不同等级每辆车刊出费用为7300元～20000元/年。

制作还原费每辆车（制作及下刊后复原车身）15000元～25000元/年。

适宜客户：除个别高档次产品及服务外，适宜所有客户进行品牌或服务宣传。

备注：途经长安街的车辆不允许有车身广告。

2. 公交车厢媒体。

(1) 公交镜框式挂板及司机背板广告媒体。

广告位置：公交车内两侧车窗上方及司机后背板。

广告规格：80×30厘米（车厢）；
60×40厘米（司机背板）；
每车设车厢广告4~9块，司机背板广告1块。

广告刊出费：普通车车厢每辆车按不同等级线路40元~60元/月；
司机背板，按不同等级线路50元~70元/月。
新型车车厢每辆车司机背板（价格相同）按不同等级线路40元~60元/月。

制作还原费：每辆车55元/次

媒体特点：

①广告内容图文并茂，既可有产品形象，又可配上文字加以补充说明；

②广告费用低，每块每天广告费2.5元，适宜大面积宣传；

③广告位置相对固定，乘客阅读较为方便；

④彩色印刷，细致精美；

⑤广告受众对象广泛，各年龄、各层次乘客均可能接触；

⑥可在目标区域内选择线路，进行针对性宣传；

⑦广告刊期相对较长，便于强化记忆；

⑧车厢及司机背板广告是长安街沿线公交车上专有的媒体形式。

最少刊期及数量：普通车 50 辆车，刊期 3 个月；新型车按整条线路销售，刊期 3 个月。

适宜客户：食品、药品、保健品、小家电、生活日用品、社区服务等，配合电视、报纸等广告，强化消费者记忆。

（2）公交车厢彩旗广告媒体。

广告位置：公交车内两侧车窗上方。

广告规格：23×33 厘米/面，每车大约挂 50 面。

广告刊出费：按不同等级线路每辆车 300 元～500 元/月。

制作还原费：每辆车 100 元/次。

媒体特点：

①广告视觉冲击力强；

②有效收视率高，彩旗挂满车厢，基本覆盖每位乘客；

③彩旗印刷精致，画面精美，良好展示广告形象；

④广告费用低，每车每天平均 13 元；

⑤由于广告费低，适宜大面积宣传；

⑥广告受众对象广泛，各年龄、各层次乘客均可能接触；

⑦可在目标区域内选择线路，进行针对性宣传；

⑧彩旗广告是首都长安街上公交车特有的媒体形式。

最少刊期及数量：100 辆车，1 个月。

适宜客户：食品、药品、保健品、小家电、生活日用品、旅游景点、临时性活动等短期促销广告。

(3) 公交后风挡不干胶广告媒体。

广告位置：公交车后风挡玻璃上方，左右各一张。

广告规格：70×20厘米/张。

广告刊出费：按不同等级线路每辆车80元～150元/月。

制作还原费：每辆车500元/次。

媒体特点：

①广告内容以直白式口号或产品名称为主；

②广告费用低，每车每天广告约4.3元，适宜大面积宣传；

③广告位置较为醒目，兼有户外及车内广告双重效果；

④广告受众量大，受众范围广，乘客及在路上行走、骑车或开车的人均可看到。

最少刊期及数量：50辆车，3个月。

适宜客户：食品、药品、保健品、家电、生活日用品等品牌形象宣传等。

备注：途经长安街的车辆不允许做不干胶广告。

3. 公交候车亭广告媒体。媒体位置：市内公共电汽车中途车站、首末站台面向背向街道双面。

媒体品质、规格：

①候车亭灯箱广告：不锈钢结构，外观线条流畅，造型现代，光亮洁净，宽大玻璃，每个灯箱内装菲利普40瓦灯管27个，夜晚透明度可达2400度。画面距地面0.6米，且没有遮挡物，为人体视觉最佳高度，画面尺寸3.6×1.6米，有效广告面积近6平方米，广告效

果很好。

②候车亭小灯箱广告：与大灯箱结构、造型基本相同。画面尺寸 1.0×0.5 米，有效广告面积近 0.5 平方米。

媒体特点：

①选择性大，广告主可以在自己认为最需要广告支援的区域、地点订置广告；

②到达率高，灯箱式广告媒体分布在首都二环路及西外、安外、朝阳路等主要干线上。密度大（一般约 500 米左右有 2～3 个灯箱，道路两侧为 3～6 个），能迅速且最大限度地送达目标受众，反复显示的频率高；

③充分的展示效果，灯箱式广告画面大（6 平方米左右），便于展示客户推广思想和完美的制作技术。由于位于城市主要街道，设计时充分注意与街道景观的协调搭配，具有充分的画面展示作用；

④视觉冲击力，灯箱画面距地面 0.6 米，为人体视线最佳高度。夜晚画面在灯光衬托下非常醒目，无论白天夜晚，候车亭灯箱广告都会给人以强烈的视觉冲击。

广告维护：公司聘任专门人员负责维护，包括每天一次的巡查，定期清洁、擦拭，以保持灯箱画面干净、完整。

广告费用：按不同街道位置广告费约为 6～7 万元/座·年（包括制作维护费），整街销售价格优惠。

实施建议：整街销售价半功倍，建议尽量推行。分开取之则尽量考虑一侧面贯通或半条街道连片，零敲碎打最好是选择自家、门前的位置。上刊时间当然可以灵活。

适宜客户：持续的品牌宣传，新商品的推广宣传等许多行业。

4. 其他公交广告媒体。除上面介绍的随车辆运营而移动的车身媒体、车厢媒体以及固定的候车亭媒体两大部分外，还存在站牌媒体、路牌媒体及车月票媒体等其他公交广告媒体形式，但由于其数量相对较少，有些形式还处于筹划阶段，没有正式经营，所以不作为我们研究的重点。

（二）经营北京市公交车身广告、候车亭广告媒体的单位及其基本情况

1. 北京市公交广告有限责任公司。北京市公交广告公司是北京公交总公司 1992 年组建的专门从事公交各种媒体的开发、经营、管理的专业广告公司。1999 年 5 月，由公交总公司所属巴士公司和中信国安广告总公司投资改制为北京公交广告有限责任公司，注册资本 4000 万元。公司下属三个有限责任公司，一个全资子公司，一个广告制作中心，经营国内外旅游、汽车出租、租赁、装饰装潢、商贸、图片扩印及广告制作，拥有出租车近 500 部，年接待游客 12000 人次，年经营收入达 6000 万元。目前公司固定资产达到 2.5 亿元，年经营收入 1 亿元以上，上缴税金 1400 多万元。依托公交总公司雄厚的基础，该公司拥有公交车体 16000 余部，候车亭灯箱 4000 余个，户外广告牌 2000 余平方米，这些覆盖全程的丰富的媒体资源，经过多年的优良经营，以其资源优势明显、地位独特，已被广大客户认可，占据了首都户外广告市场的半壁江山，被喻为“首

都亮丽的彩虹”。北京公交广告有限责任公司是中国广告协会理事单位、北京广告协会常务理事单位、全国公交委员会主任单位，列全国广告公司综合排名第24位，税金第10位，净利润第6位。在北京公交广告媒体的经营中具有举足轻重的地位。2001年2月巴士公司在上海证券交易所成功上市。

北京公交广告有限责任公司设有七个业务部，业务一部、业务二部、业务三部和业务四部为综合部门，销售公司车身、车厢、灯箱、不干胶、彩旗等各种媒体。业务五部、业务六部、业务七部为新组建部门，专业销售站牌和灯箱媒体广告。公司还将推出专业销售车月票广告媒体的业务八部。

在业务方面，北京公交广告有限责任公司的广告业务除由MPI广告集团代理外，主要由其自身的七个业务部门承揽，与客户签订广告合同后，由公司下属的广告制作中心统一负责设计、制作、上刊，由公交总公司各个客运分公司的各条线路负责日常清洁、维护工作。在财务核算方面，由北京公交广告有限责任公司收取客户广告款，开具广告业专用发票并缴纳相应税费，北京公交广告有限责任公司按标准支付给各客运公司“维护费”，并将“维护费”作为成本费用在计算缴纳企业所得税时扣除。

2. 北京通成推广公交广告公司。北京通成推广公交广告公司是北京市公交广告有限责任公司与香港通成交通媒体集团于1991年底在京成立的中外合资经营企业，注册资金为9900万元人民币，其中北京市公交广告有限责任公司出资20%，香港通成交通媒体集团出资80%。该公司在广州、上海、武汉和天津设有4家分公司，与全国20余个城市的公交公司合作经营当地的公交车身及车厢广告媒体（见北京通成推广公交广告公司全国业务分布图），合作的形式主要有两种：一种是由北京通成推广公交广告公司购买车辆并以取得车身及车厢广告媒体的经营权作为条件将车辆交给公交公司进行经营；另一种是直接向公交公司买断已有公交车辆车身及车厢的广告媒体经营权。北京通成推广公交广告公司在京拥有200余辆公交运营车辆的车身及车厢广告的发布权，其中主要为双层大巴和空调巴士。

3.外省市某广告公司。外省市某广告公司是某集团的下属全资子公司。该公司从1996年开始进入户外媒体，陆续投资开发户外候车亭灯箱，大型单立柱商场灯箱，建立了“风神榜”、“擎天柱”、“风盛榜”等一系列品牌，在短短的两年内初步建立起一个覆盖全国18个城市的户外广告媒体网络。1998年该公司开始与全球最大的户外广告集团Clear Channel合作，“风神榜”候车亭网络进入高速发展阶段，迅速覆盖全国29个城市，拥有12000个候车亭灯箱，成为中国最大、最优质的户外广告网络，该公司于2001年在香港上市，成为目前国内惟一一家经营户外广告的上市公司。

该广告公司现主要经营以下四项业务：(1) 风神榜即候车亭灯箱广告业务；(2) 风盛榜即大中型商场与购物中心内的灯箱、条幅等广告业务；(3) 擎天柱即城市环线与高速公路旁的大型单立柱户外广告牌；(4) 白马榜即在商业街与步行街等商业繁华地段的灯箱广告业务。

该广告公司在北京主要有以下三类广告业务：

(1) 候车亭灯箱广告：根据其与北京市公交广告有限责任公司的合作协议，该单位“有偿获得350个候车亭”，“新建候车亭271个”，“拟建满双方协议规定的800个候车亭”，现已投入使用的候车亭灯箱约800余座，使用期为10年。

(2) 大中型商场与购物中心内的灯箱、条幅等广告：拥有西单商场、新东安市场、燕莎购物中心等五家一级商场，百盛购物中心、华联商厦、西单购物中心等6家二级商场，城乡贸易中心、长安商场等两家三级商场的广告发布权。

(3) 擎天柱广告：在北京北三环路安华桥西南角、北四环安慧桥东北侧、北四环健翔桥东南角和北四环健翔桥西北角建有四座18×6米双面的擎天柱广告牌。

该广告公司下设销售总部（广州）、北部销售中心（北京）、东部销售中心（上海）、南部销售中心（广州）及市场部（广州）5个部门，并在拥有媒体的29个城市（见白马公司全国业务分布图）分别注册成立广告公司。其经营采取网络化集中管理，全部广告业务由北部、东部及南部3个销售中心承揽，全部媒体资源由当地的29个广告公司负责开发和维护。

4. 北京市公交候车亭广告有限公司。北京市公交候车亭广告有限公司是北京市公交广告有限责任公司与香港埃威伊国际集团亚洲候车亭广告有限公司于1995年7月在京成立的中外合资经营企业，注册资金为250万元人民币，其中北京市公交广告有限责任公司出资10万元，香港埃威伊国际集团亚洲候车亭广告有限公司出资240万元。该公司主要经营公交候车亭的广告业务，现拥有太平庄至宣武门等街道的候车亭广告媒体371座。

（三）北京公交媒体的现状分析

从对北京市公交广告有限责任公司的评价立案检查开始，以各种合作协议、广告合同及资金往来情况为线索，通过一个不断发现问题、研究问题、解决问题的过程，相继对北京通成推广公交广告有限公司、外省市某广告公司、北京公交候车亭广告有限公司等经营北京市公交广告媒体的单位进行了评税检查和相关调查，基本掌握了北京市公交系列户外广告媒体的分布、经营情况，摸清了这类媒体业务的运作过程，发现了一些具有普遍性的问题和规律，在此基础上我们把目前北京市公交媒体的发展现状形象地概括为：一个公司、两种形式、三大趋势、四项问题。

1．“一个公司”是指北京公交总公司。由于广告媒体在广义上属于大众传媒范畴且其导向对广大人民的生活有着巨大的影响，所以国家以各种工商行政法律、法规、规章的形式对广告媒体的经营、发布进行严格的审批和控制。北京公交总公司是在北京公共交通经营中处于垄断地位的特大型国有企业，按照相关法律、法规的规定，它代表国家拥有北京市全部公交媒体的所有权，在北京市公交媒体的经营中处于垄断地位。

2．“两种形式”包含两层含义。一是指北京公交媒体按其移动性可以分为以车身媒体和车厢媒体为代表的随公交车辆运营而移动的流动媒体以及以公交候车亭媒体和站牌媒体为代表的固定媒体两大形式。二是指代表北京公交总公司经营全部广告业务的北京市公交广告有限责任公司主要采取两种形式与其他公司合作经营北京市公交广告媒体，一种是通过双方协商签订合作协议，与国内企业合作一般采用这种形式，如与外省市某广告公司合作经营北京公交候车亭媒体，另一种是双方出资成立专门的广告公司，与国外企业合作一般采用此种形式，如与香港通成媒体集团合资建立的北京通成推广公交广告公司以及与香港埃威伊国际集团亚洲候车亭广告有限公司合资建立的北京市公交候车亭广告有限公司。在具体合作方式上，一般是由北京市公交广告有限责任公司利用其政策上的优势和资质办理新建媒体以及发布广告的审批工作，由其拥有公交媒体的所有权；由合作方出资兴建媒体，并按合作协议对媒体拥有一定年限的经营发布权，双方按协议商定的比例在年末进行分利。

在总量上，两种形式的公交媒体主要由四家广告公司进行经营。在车身媒体和车厢媒体方面主要有北京市公交广告有限责任公司和北京通成推广公交广告公司两家公司，其中北京市公交广告有限责任公司拥有公交车体 16000 余部，处于绝对的主体地位；北京通成推广公交广告公司现拥有在京运营的公交车体 200 余部（广告发布权），车型主要为双层大巴及空调巴士。在调查中，我们还发现目前北京的公交运营中又出现了运通、百利宝等专线车，虽然这些运营线路数量少且大多还没有开展广告业务，但它们的出现和发展应引起我们的关注。在候车亭媒体方面主要有北京市公交广告有限责任公司、外省市某广告公司以及北京市公交候车亭广告有限公司三家公司，其中北京市公交广告有限责任公司拥有候车亭1416座，灯箱1762余个（见北京市公交广告有限公司候车亭灯箱分布图），处于主导地位；外省市某广告公司拥有候车亭800余座，灯箱1000余个（广告发布权）（见风神榜北京分布位置图）；北京市公交候车亭广告有限公司拥有候车亭371座，灯箱400余个（广告发布权），主要分布在太平庄至宣武门等大街的公交线路上。

3."三大趋势"是指整个公交媒体具有代表性的三个发展趋向。

(1) 发展迅速，特点鲜明，形式多样。从单一的车厢内挂板广告到色彩艳丽、创意新颖的车身、彩旗、司机背板广告，从破旧、矮小的车站广告牌到整齐、大方、富有时代气息的候车亭灯箱，在改革开放、经济发展的推动下，北京的公交广告媒体无论在数量上还是质量上都呈现出了迅速发展的良好态势。以北京城市建设和公交事业的发展为基础，充分借鉴国外及国内其他省市的先进经验，北京公交广告媒体以成本低廉、覆盖面广、亲和力强、可信度高的鲜明特点，以车身、车厢、候车亭、路牌、站牌、车月票等多种兼顾流动性和固定性的媒体形式，必将成为户外广告媒体的代表，得到更大、更快的发展。

(2) 分工明确，专业化发展趋势明显。调查中发现，北京公交媒体运作的整个过程即从签订广告合同到广告创意、制作，到上刊发布、清洁维护，再到媒体监测、数据分析，最后到下刊还原，完成广告合同，都有专门的公司或部门具体负责，呈现出分工明确的专业化发展趋势。具体过程是，拥有媒体的广告公司只负责承揽广告业务与客户签订广告合同，而由专门的广告策划公司负责广告的创意和制作、由专门的公司负责广告的上刊安装、清洁维护和下刊还原，由专门的广告监测公司负责广告效果调查和分析，最终完成一项业务的全过程，这种分工和专业化符合现代经济发展的客观要求，大大提高了各环节的专业水准和工作效率，极大地促进了公交广告媒体经营的发展。

（3）规模化、网络化发展趋势明显。调查中发现，规模化、网络化已经成为有较强经济实力的公交媒体广告公司的管理方式和发展目标。如北京通成推广公交广告公司除与北京市公交广告有限责任公司合作经营北京公交车身、车厢广告外，还以相同方式与广州、上海、武汉等全国 20 余个城市的公交广告公司合作，取得当地一定数量公交车辆的车身、车厢媒体的广告发布权，形成覆盖全国的公交车身、车厢媒体网络；又如外省市某广告公司除在京拥有 800 余座公交候车亭，1000 余个灯箱媒体的广告发布权外，还以统一的模式在全国 29 个城市拥有 12000 个候车亭灯箱媒体的发布权，建立了中国最大、最优质的户外广告网络，并创立了以“风神榜”命名的专门品牌。公交媒体经营的规模化、网络化一方面为客户进行跨城市、跨区域的统一广告宣传提供了可能性，提高了效率，节约了费用，加强了效果，是公交广告媒体经营发展到一定程度的必然趋势和结果；另一方面，这种规模化和网络化也为媒体公司的发展提供了更大的发展余地，达到了一定的垄断效果，增强了其自身的行业竞争力。

4.“四项问题”是指调查中发现的具有代表性的且

对规范公交媒体经营单位纳税行为具有重要意义的四个问题。

(1) 与公交广告媒体公司规模化、网络化发展相适应的分支机构设置形式、收入核算、资金流向的规律和特点以及由此可能引发的涉税问题值得我们关注和研究。在对外省市某广告公司进行调查中发现，该公司在机构设置上，采取在外省某地注册总公司，在北京、上海、广州设立北部、东部、南部三个销售中心，在拥有媒体业务的全国 29 个城市分别注册成立独立的广告公司的形式，其中，各销售中心和各城市广告公司的负责人由总公司委派，各分支机构的人员工资、办公费用等支出由总公司统一拨付。在业务流程和具体分工上，采取由三大销售中心承揽广告业务，由各地广告公司负责媒体的“开发、管理、维护”(即只负责媒体的清洁维护，不从事具体的广告承揽、发布业务)，由总公司与客户签订广告合同，开具统一的总公司所在地的广告业专用发票，并按照要求统一安排广告在其全国媒体网络上发布的形式。在财务核算上，由于三大销售中心未在当地办理工商、税务的注册登记手续，无法开立银行账户，所以，该公司采取了以当地注册的实际上只负责媒体维护的下属广告公司的名义设立专门账户，收取并向总公司转移在媒体所在地实现的广告经营收入。以北京为例，外省市某广告公司在北京设有北部销售中心和北京某广告有限公司两家关联单位，其广告业务及财务的处理过程是：外省市某广告公司在京的全部广告业务由北部销售中心负责承揽，以外省市某广告公司名义与客户签订广告合同，并开具总公司所在地的广告业专用发票，但由于北部销售中心未在京办理工商、税务的注册登记手续，无法开立银行账户，故以北京某广告公司名义另在华夏银行亮马河支行和四季青信用社车道沟分社开设两个专用账户，用于北部销售中心代总公司收取并转移在京的广告收入。根据统计，1998—2002 年北方销售中心经北京某广告公司专用账户收取的广告收入共计 5107 万元，共向总公司转移广告收入 3038 万元。外省市某广告公司的这种机构设置以及收支两条线的财务核算方式，存在以下两点明显的涉税问题和处理难点：第一，如何正确确定广告经营收入的纳税主体。根据税收的属地征管原则及《中华人民共和国营业税暂行条例》第十二条“纳税人提供应税劳务，应当向应税劳务发生地主管税务机关申报缴纳”的具体规定，利用当地媒体发布广告，实现应税行为，取得的收入应在当地地税机关缴纳相关税费。该公司实行的这种业务流程和财务核算方式显然不符合相关规定，但由于其机构设置和管理形式，又使税务机关在按照属地征管原则确定纳税主体时遇到了困难。以北京为例，外省市某广告公司拥有在京候车亭灯箱等户外媒体的所有权和广告发布权，由其与客户签订广告合同并开具广告业专用发票，理应由其承担纳税义务，但由于外省市某广告公司注册地在外省某地，北京市地税机关无法对其行使税收管辖权；北方销售中心虽然负责总广告公司在京广告业务的承揽，但其未在京办理工商、税务的登记注册手续，不具有纳税主体资格；北京某广告公司虽在北京办理了相关登记注册手续并为北方销售中心收取及向总公司转移广告款提供专用账户，但从其与外省市某广告公司的合作协议及从事的维护、管理等具体业务来看，将北京某广告公司确定为广告经营应税行为的纳税主体是否恰当，值得商榷。第二，外省市某广告公司在应税行为发生地的应税收入数额难以确定。由于外省市某广告公司下设的北部（北京）、中部（上海）、南部（广州）三大销售中心的业务相互交叉，所以各销售中心除负责所在地户外媒体的销售外，还负责所在区域其他城市的销售业务并应客户要求负责部分其他区域城市的销售业务，因此，打入各地广告公司的广告款项，还包括在其他城市的应税收入，在计算应在媒体所在地缴纳各项税费的应税收入时要根据具体合同将这一部分分离出去，计算过程涉及城市多、工作量大、情况复杂，具体数额难以确定。其实问题的关键并不是因为外省市某广告公司采取了规模化、网络化的发展模式，而是因为其机构设置、业务分工不甚科学，没有将合理纳税的因素考虑进去，与之相比，同样是以规模化、网络化模式发展，采取在北京设立总公司，在天津、上海、武汉、广州设立四个分公司形式，经营全国 20 余个城市公交广告媒体业务的北京通成推广公交广告公司却因为在充分考虑中国相关财政、税收法律法规规定的基础上，采用在媒体经营地注册具有独立法人地位的分公司，负责当地业务的承揽、广告的发布，并就取得的应税收入在当地缴纳相关税费的合理的机构设置和业务、财务核算方式取得了良好的经营成果和较高的管理效率。

作为对广告行业纳税行为进行监控和研究的广告专业科，一方面不断通过工作实践发现广告行业中具有代表性的特点鲜明的涉税问题，及时加以研究和规范，另一方面积极将调查中发现的先进的、合理的经营管理经验向其他企业和单位推广，为纳税人提供服务，从而推动整个广告行业的良性发展，应该成为我们工作的发展方向和重点。

（2）北京市公交总公司与其下属的北京市公交广告有限责任公司之间的关系及收入、利润的分配情况应引起相关部门的注意。由于北京市公交总公司经营与市民生活关系密切且对社会稳定发展有重要影响的城市基础交通运营业务，所以每年享受国家巨额的差额财政补贴。北京市公交广告有限责任公司借助北京市公交总公司的资源和政策优势，规模逐年扩大，收入不断上升，但北京市公交广告有限责任公司每年只是按固定数额将很少的一部分利润上交给北京市公交总公司，这样客观上扩大了公交总公司的亏损数额，增加了国家财政补贴的负担，这种情况还普遍存在于北京公交总公司与其他下属公司之间。另外，按照《税收征管法》及相关法律法规的规定，北京市公交总公司和北京市公交广告有限责任公司是两个独立的法人企业，北京市公交总公司将其拥有的北京公交广告媒体交给北京市公交广告有限责任公司经营从而取得收入（不管这种收入采取何种形式和名目）的行为实际上是转让经营权的行为，应由北京市公交总公司缴纳相应税费。以上这些情况应引起财政、税务等相关部门的注意和重视。

（3）北京市公交广告有限责任公司与北京市公交总公司各运营分公司间的广告业务关系及相应返款情况值得税务机关分析研究。按照前面介绍的基本情况，北京市公交广告有限责任公司拥有北京公交总公司所有的公交媒体的广告发布权，是实质上的媒体单位，通常情况下，由该公司承揽广告业务并与客户签订合同，由其下属的制作中心负责广告创意和制作，再由各公交运营分公司的具体线路负责广告的上刊发布和日常清洁维护工作，北京市公交广告有限责任公司按标准以“维护费”和“还原费”的形式付给各运营分公司一定的费用。在检查中，我们发现电车分公司等一些运营分公司，为安置下岗人员，成立了自己的广告部门，并对外承揽广告业务，由于总公司的相关规定，这部分广告业务也由北京市公交广告有限责任公司与客户签订广告合同，但北京市公交广告有限责任公司只收取 3% 的“手续费”，其余广告款转入承揽广告的运营分公司，并由其为北京市公交广告有限责任公司开具广告业专用发票，北京市公交广告有限责任公司在进行自己的核算时以从运营分公司取得的广告业专用发票额抵减其广告应税收入，即只就 3% 的“手续费”部分缴纳了相关税费，但实际上，根据税收法规的规定，这种应税收入的抵扣只适用于处于中间环节的广告代理公司，作为媒体单位的北京市公交广告有限责任公司应按其收取客户的全部广告收入金额申报缴纳营业税及附加。这种情况反映出企业对税法的相关规定缺乏了解，掌握运用不够准确，这就要求我们税务机关在对待具体情况时，具体处理，并有针对性地加强税法宣传，规范行业纳税行为。

(4) 在今后对公交广告媒体公司的税源监控和纳税评价工作中，应将其工作人员特别是高级管理人员的收入及缴纳个人所得税的情况作为一个检查重点。通过评价检查和调查了解，我们发现公交广告媒体单位的工作人员的收入水平普遍较高，且收入来源较多，特别是规模化、网络化经营的公司中的高级管理人员，他们经常分别从总公司和所属的分公司取得多份收入，未合并计算缴纳个人所得税的可能性较大。

（四）通过对北京公交广告有限责任公司及相关单位经营北京市公交广告媒体情况的调查研究对开展广告行业的税源监控和纳税评价工作的启示和重要意义

通过这次对北京公交广告有限责任公司及相关单位经营北京市广告媒体情况的调查研究，掌握了北京市公交广告媒体经营一个公司、两种形式、三大趋势、四项问题的基本情况，获得了大量真实可靠、全面详细的数据资料，充实了广告专业数据库。在此基础上，初步确定了总量控制、重点监控、获取数据、注重总结的公交媒体监控、评税工作思路，即利用北京市公交总公司一个单位拥有北京市全部公交媒体所有权的情况，通过与该公司建立长期关系，从总量上了解北京市公交广告媒体的数量等基本情况；通过对北京市公交广告有限责任公司、北京通成推广公交广告公司、外省市某广告公司（在京的候车亭媒体）及北京市候车亭广告有限公司四家拥有北京市几乎全部公交广告媒体经营发布权的单位的重点监控，实现对公交媒体主体的把握和税源监控；通过总量控制和重点监控，获取有价值的数据和资料，为进一步实现对代理公交媒体广告业务的中间广告公司进行税源监控和纳税评价提供保证；另外，要善于对带有普遍性和规律性的东西进行归纳，寻找媒体共性，为评税研究向其他媒体延伸做好准备。

第三部分
对广告业建立纳税评价体系的尝试

一、构建税源监控与评价体系的设想与努力

（一）加强部门间的信息交流与合作

由于广告业现时运行机制是在旧体制中形成的，中国广告业的发展无论其在量的递增上如何神速，在质的方面仍相对滞后。在广告业中引进广告代理制到今天还不到十年的时间，在这种新机制下，广告业发展的好坏仍与整个社会的改革进程、法制环境、广告管理水平、行业素质等紧密相关。目前，在广告业的发展过程中出现了一些混乱现象，并暴露出许多涉税问题。但仅仅依靠税务部门一方面的努力将很难改变目前这种状况。首先，在日常的税收征管中，无论是广告发布者（媒体）还是广告代理公司，要掌握它们的机构设置、人员构成、经营状况等一些最基本的情况，就需要银行、工商管理部门、文化部门、广告业协会等部门的合作；其次，在税务稽查的办案过程中，要获取纳税单位经济业务的原始凭证、判断是否存在关联交易或虚假业务往来以及最终判定是否存在逃漏税情况等均需要上述各个部门的密切配合。

因此，必须健全税收征管的信息网络，使税务部门

能够及时、便捷地获取准确的信息，使税务部门变得耳聪目明，能及时地发现和解决纳税人的涉税问题。

（二）建立税源监控的信息数据库

目前，在各税务部门均已建立起税务系统内部共享的信息总库，但该信息总库还未达到尽善尽美，应从以下方面着手，完善信息网络，增强信息数据库的功能。

1. 多方面搜集信息：

（1）纳税人纳税资料的搜集。在办税大厅设立的受理申报窗口对纳税人的税收申报资料，如各种纳税申报表、资产负债表、利润表、工资分配表、发票购买使用情况表以及要求纳税人提供的其他资料进行整理筛选后形成规范、完整、统一的纳税人基本情况材料，将其输入计算机形成便于税务机关使用的数据。

（2）群众举报资料的搜集。群众举报大都是通过电传、邮件、电话等方式进行，而且大都是匿名举报，因而将举报信息及时传递到税收违法举报中心或稽查部门就成为一个重要环节，由此必须制定有力措施和办法，以保证举报信息的真实性和及时性。举报中心接到有关方面传递来的税务稽查信息后，除及时做好交接记录和保密工作外，根据举报内容，调集被举报人的纳税资料，按举报的侧重面进行全面的分析论证，确定举报的真实程度，编号储存备用。这样就形成了对纳税人的追踪监控，有助于税务稽查工作的进行。

（3）利用大众传媒搜集。此类信息来源较为广泛，诸如广播、电视、广告、报刊及有关街头巷议传言。这类信息的搜集要求税务干部特别是稽查人员具有高度的工作责任感及敏锐的观察和分析判断能力，对涉及纳税人的生产经营及纳税申报资料进行全面系统分析的基础上，选其侧重点进行监控。

2. 建立多元化的税务信息采集网络。

(1) 建立纵向信息采集网络。所谓纵向网络，是指税务机关内部领导与被领导、指导与被指导关系的上下各级信息网点组成的垂直形成的信息工作网络。从计算机联网范围看，又可分为局域网和广域网，这样有助于各种方针政策、工作情况的上传与下达。

(2) 建立横向采集网络。所谓横向网络，是指税务机关与本地区其他机关、部门，为了解、掌握偷、逃、避税线索所形成的平行协作关系。通过税务稽查部门与税务系统内各级联网，在建立情报信息资料共享的稽查资料库的同时，还要加强与有关业务主管部门和政府以及社会有关部门的信息联网，如与银行、工商管理部门、文化部门、广告业协会等关联部门联网，达到信息资源的共享，逐步形成各级、各地税务机关、行业主管部门、社会相关部门三者联合，三位一体的点、线、面相结合，全方位、高效率的信息情报网络，税务机关可及时掌握纳税人的生产经营活动情况和涉税动态，有效发现税务稽查目标和稽查重点。还需要注意一个问题是，分地区建立的信息数据库不能适应广告企业的业务经营和机构设置的全国化乃至全球化发展趋势。我们应把各地区的税务部门的信息网连接起来，再结合各地区的银行、工商管理部门的信息资源，建立起一个宏大的全国网络。这样一来，跨地区的逃避税现象通过各个网点的信息核对将可以减少到最低程度。

（三）设计监控模型

1. 建立模型的必要性。从我国税务机关的基础工作建设情况和社会经济发展水平、全民纳税意识观念来看，目前最佳的稽查选案方式应该采用“人机结合、多头选案”的办法。人机结合就是人工选案和计算机选案相结合；多头选案就是税务机关各职能部门（征管科、稽查科）提供初选计划和方案，然后反馈给选案中心，进行集中处理。人工选案要在占有大量税收信息资料的基础上，由税务人员运用各种方法，通过对不同行业、不同税种、不同纳税企业的分析解剖，摸清经济运行的脉搏和特点，研究偷、逃、避税的动向规律，挖掘线索，有针对性地提供选户名单。这种方式对稽查人员的业务要求较高，而且工作量大、效率不高。微机选案要将纳税户的生产经营情况、历年来的纳税资料和申报缴税资料输入微机，有微机自动生成稽查变量和各项稽查指标，通过指标分析，筛选出纳税疑点户。这种方式稽查选案准确性、科学性较强，有助于提高稽查效率和质量。无论是哪种选案方式，都要求我们拥有充分的信息来源，辅助于一定的分析工具，因此我们应该尽快设计开发一套广告行业税源监控模型，录入搜集多方面资料，并与行业主管部门、社会相关部门等联网进行数据的交换，从而能够方便、快捷、科学、有效地对广告行业的纳税情况进行监控。

2. 建立模型目前存在的问题。通过对广告行业的系统理论调查以及对北京公交广告媒体的实证调查，目前已经初步掌握了广告行业的特殊特点和广告业务的运作过程，发现了广告行业涉及的应重点监控的营业税、企业所得税、文化事业建设费等典型的涉税问题，掌握了许多第一手资料，这为监控模型的设计提供了一定的准备条件。

但是就目前来说，依然存在数据严重缺乏的问题。广告行业公司多、环节多、业务流程形式多、财务核算复杂；公司经济实力、公司之间经营项目差异很大，不易于分类并建立相应的指标体系，不利于通过比较评价，发现纳税异常和纳税疑点；广告代理公司之间实力的差异以及激烈的竞争，使得代理率等指标差异很大，且与公司的规模等因素的相关性不大；工商管理、广告行业主管部门发布的收费标准、报价等信息很大程度上与实际相脱离。上述问题增加了获取有关信息数据的难度，为我们设计开发计算机、建立数学评税模型带来了困难。

（四）稽查方式由被动型向主动型转变

税务稽查选案工作处于纳税申报和纳税检查的中间环节，有机地把纳税申报和纳税检查两个环节联系起来，可促使税收征管体系更加规范和具体，稽查选案工作使检查工作由“普遍检查”变为“抽户检查”，这就要求我们在稽查过程中对纳税人所有纳税资料进行逻辑分析，只有优质的稽查选案工作，才能为提高税务稽查的质量创造良好的条件。然而由于信息的不对称，税务稽查部门的选案、立案存在一定程度的被动性，主要依据群众举报、上级下达的专案检查以及以往工作中的经验判断。构建税源监控与评价体系，以庞大、有效的信息网络和数据库为依托，税务稽查部门可以化被动为主动，从多方面获取信息，如可以从互联网中与公、检、法、银行、工商管理等部门交换信息，把一些可疑对象列入稽查重点；通过计算机软件及数学模型对储存的有关信息进行归集、分类、整理，对出现异常的纳税户进行重点稽查。

上半年对北京市公交媒体的调研及评价立案实践，实际上就是一个变传统单纯依靠举报的被动式的查案方式为依靠数据分析、发现纳税异常的主动式的检查方式的过程。在查阅了大系统、互联网以及专业科数据库中的相关资料并运用广告专业评税工具软件进行了对比分析后，我们选择了外在形式比较直观，且业务、财务总量易于核算控制的户外媒体作为突破口，对北京市公交广告有限责任公司进行了评价立案。在此次检查中，没有停留在以往简单的账簿检查层次，而是通过合同、协议等资料寻找线索，搜集数据，从总结行业规律、规范整体行为的高度开展工作，最终理清了北京市公交广告有限责任公司与北京公交总公司、北京通成推广公交广告公司、外省市某广告公司、北京市公交候车亭广告有限公司等相关单位间错综复杂的业务、财务关系，基本掌握了车身广告、车厢广告、候车亭广告等北京市公交系列户外广告媒体的分布、经营情况，搞清了这些媒体业务的运作过程，发现了一些具有普遍性的问题和规律，提供了北京公交广告媒体的第一手资料，充实了我们的数据库。通过这一工作的铺垫，并将其经验推广到整个广告行业，在以后的稽查工作中可以依据掌握的规律和信息数据，运用开发的税源监控模型，对广告行业的纳税情况能动、有效地进行监控。

二、建立数学模型，尝试对报业媒体广告进行税收监控

（一）针对广告税收监控的媒体分类

对于广告收入而言，不同报纸的性质是不具有可比性的。不能简单地测算一个共同适用的模型，故将报纸行业分为四类（见表3-1），分类进行调查研究。对每类进行取样统计，研究广告收入与相关因素的关联关系，作为各类报纸的一般标准，用于纳税评价。

表3-1

报纸分类	影响广告收入的相关因素	影响广告收入的特点
●党政机关报	广告策略（版面比）、报刊级别（或发行量）、广告刊登版位	党政机关报的广告版面少，但广告的价格高
●广告主导型报纸	广告策略（版面比）、发行量、广告刊登版位	广告主导型的报纸广告版面多，广告收入在其总收入中占主要部分
●群众生活报	广告策略（版面比）、发行量、广告刊登版位	普通型报纸较为常见，广告版面介于两者之间
●行业报	广告策略（版面比）、发行量、广告刊登版位	行业报纸的特殊性在于其一般有固定的广告专版，像《中国证券报》有上市公司公告等专版的广告收入，以及《中国财经报》有政府采购的专版广告收入

（二）获得相关资料并按照类别建立模型

1. 在每一类型报纸中，选定几家（可暂选 10 家）报社作为研究样本，取得其最近两年内的账簿记录等相关资料，了解其广告收入情况、收费标准、与其直接联系的广告公司名称以及代理费的支付情况，以便于对媒体的情况进行整体分析和把握。

2. 把选定的 10 个样本单位作为建模分析对象，取得其最近两年内（至少 15 个月）的相关资料并进行加工整理，主要包括：（1）各期实际付费的发行量总和；（2）各期平均的广告版面比；（3）各期平均的版位倾向系数。

3. 分析该类报纸在发行量、广告策略（版面比）、广告刊登的版位倾向（像中缝、头版等由于广告价格不同，所带来的收入是不一样的）等方面的特点，进行数量化分析。

在对此进行相关分析的基础上，对报业的广告收入建立模型并进行回归分析。

$R_n = b_0 + b_1 \times C_n \times + b_2 \times B_n + b_3 \times P_n + e_t$（公式 1）

R_n 为该类报业单位第 N 期的广告收入；C_n 为该类报业单位第 N 期实际的付费发行量；B_n 为该类报业单位第 N 期广告版面比；P_n 为该类报业单位第 N 期广告版位倾向系数；b_0 为截距项，e_t 为随机项，b_1、b_2、b_3 分别为 C_n、B_n、P_n 的影响系数，以上影响因素 R_n、C_n、B_n、P_n 均为时间序列数据。

4. 相关因数及概念的解释。

（1）有关报刊发行量：（涉及 C_n）。宣称发行量：

由刊物本身根据实际印制量扣除未发行份数所宣布的发行量，为宣称发行量。

稽核发行量：由独立的第三单位对刊物发行量加以查证后所提供的发行量数据。

稽核发行量资讯由于经过第三单位的查证，因此较公正可信。在一般的情况下，没有查证的宣称发行量往往较实际发行量夸大。

发行量稽核机构：由广告主、广告公司及刊物所合力组成的非营利性组织，通过严格的查证，提供付费发行量认证。发行量稽核机构源于美国，现已为各媒体成熟市场所广泛使用。

付费发行量：属于付费取得刊物的人数。

上面公式中的发行量应采用实际稽核的付费发行量，当目前我国尚未建立健全发行量稽核的组织或机构，而宣称发行量又和其实际发行量不相符合时，故在建立模型时只能采取倒推或估算的发行量。

(2) 广告版面比（涉及 B_n）。一种报纸的广告版面比：指某一报业媒体在某期内广告刊登版面占总版面比例的平均数。在具体建模进行公式分析时可以采用一个月内随机抽取 5 期，然后计算其平均数。

一类报纸的广告版面比：指此类报业媒体在某期内广告刊登版面占总版面比例的平均数。在具体建模进行公式分析时可以采用某期（比如一个月）内的各个样本报纸版面比的平均数。

(3) 广告版位倾向系数（涉及 P_n）。由于媒体的广告收入不仅和广告版面比例有关，而且还和刊登的广告居于报纸中的版面位置有着重要关系。所谓广告版面倾向系数就是某一报业媒体在某期内广告刊登版位的平均计算的倾向度。

一种报纸广告版位倾向系数的计算：在具体建模进行公式分析时可以一个月为研究对象，然后随机抽取其5期计算每期的广告版位倾向系数，然后加以平均计算每月的版位倾向系数。

在具体测算每一期的系数时，可以采取的方法是：当广告刊登位置在报纸的第一版时，其系数设为1，当刊登在中缝位置时，其系数设为0.2，当刊登在报纸的其他版位时，其系数设为0.7。如某份报纸某期在三个版位刊登了广告，分别位于第一版、第三版和中缝的位置，那么该期的广告版位倾向系数的计算就是：（1＋0.7＋0.2）／3＝0.63。

一类报纸广告版位倾向系数的计算：在该类报纸所抽取的样本的各个报纸倾向系数的平均数。

5. 公式的应用。通过数据库的建立和应用，采用计算机专业软件的分析和测试，求出每一类报纸媒体的 b_0、b_1、b_2、b_3 等参数。

建立模型以后，对某一报纸而言，就可根据其相应的类别，它的发行量、广告版面比、版位倾向系数等因素，利用该类的数学模型的公式，计算出相应的广告收入，如果估算收入与其纳税申报收入额差异较大，经分析以后就可作为稽查重点户。

（三）对不宜分类的报纸，采取纵向评价监控的方法

一般可采取纵向比较的方法，以真实的某一年度的

广告收入额，综合考虑国家整体经济环境、行业影响等因素来估算纳税年或某期的应纳税所得额。

某媒体单位某年广告收入 = α × β × 该媒体单位上一年广告收入（公式 2）

或：某媒体单位某月广告收入 = α × β × 该媒体单位上一年同月广告营业收入（公式 3）

注：α 为整体经济增长率；β 为行业经济增长率。

（四）对报业广告代理公司的监控

通过报业提供的数据，搜集并整理一家代理公司的代理收入及其相关的广告收入，求出代理的报酬率，如此随机抽取 5% ~ 10% 的样本量，估算出广告代理行业平均的代理报酬率（设为 P）。

则：

广告收入额 = 广告代理总额 × P（公式 4）

以此来衡量测算代理公司申报的代理收入是否正常，如果用公式估算的数额和企业申报的数额差异过大，则作为须进行税务稽查的对象。

（五）取《× ×日报》为例，进行建模的试验，并进行模型分析

应用公式 1：

$R_n = b_0 + b_1 \times C_n \times + b_2 \times B_n + b_3 \times P_n + e_t$

R_n 为该媒体单位第 N 期的广告收入；C_n 为该单位第 N 期实际的付费发行量；B_n 为该单位第 N 期广告版面比；P_n 为该单位第 N 期广告版位倾向系数；b_0 为截距项，e_t 为随机项，b_1、b_2、b_3 分别为 C_n、B_n、P_n 的

影响系数；R_n、C_n、B_n、P_n 均为时间序列数据。

通过对《××日报》所能获得的数据进行加工整理，公式所需数据如表 3－2 所示。

表 3－2

第 N 期（即时间序列）	第 N 期的广告收入（元）R_n	第 N 期实际的付费发行量（份）C_n	第 N 期广告版面比 B_n	第 N 期广告版位倾向系数 P_n
2001 年 12 月	2874012.25	9635513	0.34668	0.54136
2002 年 1 月	3491494.19	10152097	0.26843	0.50861
2002 年 2 月	2795824.94	10738497	0.12689	0.45173
2002 年 3 月	2234865.33	9125749	0.16862	0.54632
2002 年 4 月	2674563.81	8800020	0.20419	0.49861
2002 年 5 月	1955894.44	8284595	0.35027	0.55
2002 年 6 月	2784563.37	8957970	0.2814	0.53397
2002 年 7 月	2123485.64	9106808	0.28107	0.51543
2002 年 8 月	2378456.87	9110094	0.26916	0.51695
2002 年 9 月	2872784.38	8805750	0.46228	0.52057

为消除可能的异方差和多重共线性，对原始数据进行取自然对数处理。其单整检验结果如表 3－3 所示。

表 3－3

变量	DF 检验值	回归式类型（c,t,*）	临界值（$\alpha=0.05$）	检验结果说明
$\Delta^2 LN(R_n)$	－5.6524	(0,0,0)	－1.9890	$LN(R_n) \sim I(1)$
$\Delta^2 LN(C_n)$	－2.7909	(0,0,0)	－1.9890	$LN(C_n) \sim I(1)$
$\Delta^2 LN(B_n)$	－2.4169	(0,0,0)	－1.9890	$LN(B_n) \sim I(1)$

续表

变量	DF 检验值	回归式类型 (c,t,*)	临界值(α = 0.05)	检验结果说明
$\Delta^2 LN(P_n)$	-5.3884	(0,0,0)	-1.9890	$LN(P_n) \sim I(1)$

从表 3-3 可以看出，因变量与解释变量的单整阶数相同，证明变量之间存在协整关系，可以建立回归模型。经若干回归（置信度 α = 0.05）得以下回归方程（第二行为 t 检验值、第三行的 R^2 为解释程度、DW 检验自相关、F 判断线性关系检验）：

$$LN(R_n) = -17.0784 + 2.0039LN(C_n) + 0.2224LN(B_n) + e_t$$

$$(-1.5235) \quad (2.8412) \quad (1.5734)$$

$$R^2 = 0.5356 \quad F = 4.0366 \quad DW = 3.0198$$

详细结果如表 3-4：

表 3-4

Dependent Variable: LOG(RN)
Method: Least Squares
Date: 10/27/02 Time: 09:55
Sample: 2001.12 2002.09
Included observations: 10

Variable	Coefficient	Std. Error	t-Statistic	Prob.
C	-17.07835	11.21027	-1.523456	0.1715
LOG(CN)	2.003934	0.705312	2.841204	0.0250
LOG(BN)	0.222437	0.141370	1.573431	0.1596

R-squared	0.535597	Mean dependent var	14.76470
Adjusted R-squared	0.402911	S.D. dependent var	0.173250
S.E. of regression	0.133873	Akaike info criterion	-0.940525
Sum squared resid	0.125454	Schwarz criterion	-0.849750

续表

Log likelihood	7.702626	F-statistic	4.036561
Durbin-Watson stat	3.019751	Prob(F-statistic)	0.068255

残差图如表 3－5：

表 3－5

obs	Actual	Fitted	Residual	Residual Plot
2001.12	14.8712	14.9112	－0.04000	
2002.01	15.0658	14.9590	0.10687	
2002.02	14.8436	14.9048	－0.06120	
2002.03	14.6197	14.6420	－0.02228	
2002.04	14.7993	14.6117	0.18759	
2002.05	14.4864	14.6108	－0.12444	
2002.06	14.8396	14.7187	0.12090	
2002.07	14.5686	14.7515	－0.18289	
2002.08	14.6820	14.7426	－0.06059	
2002.09	14.8708	14.7948	0.07602	

拟合曲线如图 3－1。

从图 3－1 模型结果可以看出，影响广告收入的因素主要是发行量，由于建模时对原始数据采用了自然对数处理，发行量对广告收入的影响乘数是 2.0039。

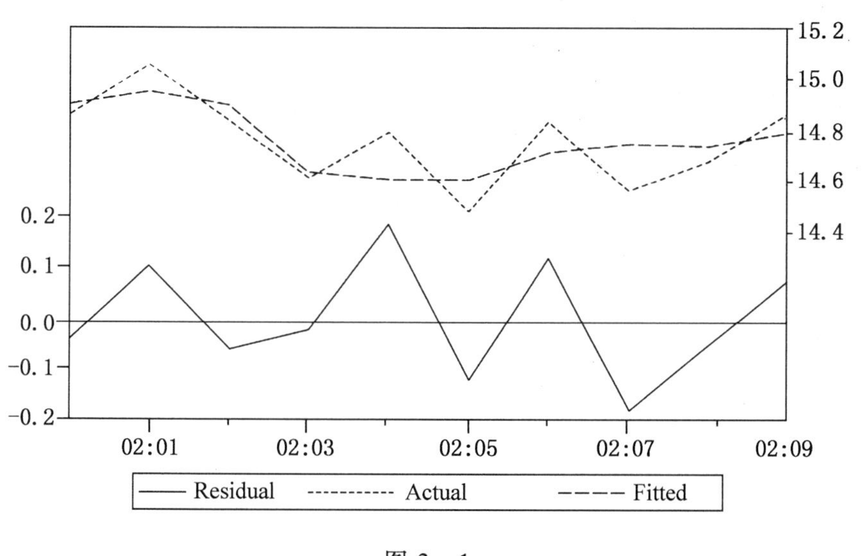

图 3－1

注：

①此公式的应用不含参数 P_n（该单位第 N 期广告版位倾向系数），因为此参数的值（参见所附的数据）在建模检验的过程中对 R_n（该媒体单位第 N 期的广告收入）的影响不大，建模中不考虑。

②公式采用的数据至少在 15 组以上，但由于客观条件的限制，此例暂时采用 10 组数据。

附：《××日报》相关原始数据计算表

《××日报》2001 年 12—2002 年 9 月有关税收监控建模的数据（见表 3－6～3－15）

表 3－6 2002 年 9 月

	1	2	3	4	5	6	7	8	9	10	11	12	13	14	15	16
9 月 3 日	0	0.1875	0.5	1	0.5	0.25	0.25	0.5	0.375	0.25	0.5	1	0.5	0.5	1	0.5
9 月 13 日	0	0	0.125	1	0.375	0.25	0.5	1	0	0.5	0.125	1	0.5	0.5	0.5	0.5
9 月 25 日	0	0.25	0.375	1	0.125	0.25	0.5	0.5	0.25	0.125	0.03125	0.5	0.5	0.5	0.5	0.375

则 2002 年 9 月的广告版面比：

9 月 3 日的广告版面比是：（横行相加之和再加中缝的版面 1.06667 共计 8.87917，再除以总版数 17.06667）

9 月 13 日：（横行相加之和再加中缝的 1.06667 共计 7.94167，再除以总版数 17.06667）

9 月 25 日：（横行相加之和再加中缝的 1.06667 共计 6.84792，再除以总版数 17.06667）

则 9 月份的平均的广告版面比是：3 日、13 日、25 日版面比的平均值［简便算法是把三行数字（包括中缝的 1.06667）之和除以 3 的平均数，再除以总版数 17.06667］，经计算得 0.46228。

2002 年 9 月的广告版位倾向系数：当广告刊登位置在报纸的第一版时，其系数设为 1，当刊登在中缝位置时，其系数设为 0.2，当刊登在报纸的其他版位时，其系数设为 0.7。如某份报纸某期在三个版位刊登了广告，分别位于第一版、第三版和中缝的位置，那么该期的广告版位倾向系数的计算就是：（1＋0.7＋0.2）／3＝0.63。

故：9 月 3 日的广告版位倾向系数是，15 个（2～16 期）0.7，加上中缝 8 个 0.2，它们之和除以 23 的平均数。（结果计算是 0.52609）

9 月 13 日的广告版位倾向系数是，13 个 0.7，加上中缝 8 个 0.2，它们之和除以 21 的平均数。（结果计算是 0.50952）

9 月 25 日的广告版位倾向系数是 15 个（2～16 期）0.7，加上中缝 8 个 0.2，它们之和除以 23 的平均数。（结果计算是 0.52609）

9 月份的广告版位倾向系数是以上三个随机日期的倾向系数的平均数，计算结果是 0.52057。

表 3－7 2002 年 8 月

	1	2	3	4	5	6	7	8	9	10	11	12	13	14	15	16
8 月 6 日	0	0.25	0.25	0.25	0.25	0.125	0.0625	0	0	0.25	0.5	1	0.5	0.5	0.375	0.5
8 月 14 日	0	0.03125	0.25	0.25	0.125	0.25	0.0625	0	0	0.5	0.25	0.4375	0.5	0.4375	0.5	0.4375
8 月 28 日	0.125	0	0.25	0.5	0.125	0.125	0.125	0.5	0	0.4375	0.4375	0.4375	0.4375	0.5	0.5	0.4375

同理可求8月份平均的广告版面比是：0.26916。

8月的广告版位倾向系数：6日，13个0.7，加上中缝8个0.2，之和除以21，结果计算是0.50952；14日，13个0.7，加上中缝8个0.2，之和除以21，结果计算是0.50952；28日，1个1，13个0.7，加上中缝8个0.2，之和除以22，结果计算是0.53182。

则8月份的广告版位倾向系数是以上三个随机日期的倾向系数的平均数，计算结果是0.51695。

表3－8

2002年7月

	1	2	3	4	5	6	7	8	9	10	11	12	13	14	15	16	17	18	19	20
7月7日	0.015625	0	0.0625	0	0	0	0.015625	0												
7月18日	0.015625	0.1875	0.3125	0.5	0.03125	0.3125	0.4375	0.1875	0.03125	0.015625	0.0625	1	0.5	0.4375	0.5	0.4375	1	0.5	1	1
7月30日	0.015625	0.0625	0.375	1	0.0625	0.28125	0.25	0.0625	0.03125	0.25	0.5	1	0.5	0.5	0.4375	0.5				

同理可求7月份平均的广告版面比是：0.28107。

7月的广告版位倾向系数：7日，1个1，2个0.7，加上中缝4个0.2，之和除以7，结果计算是0.45714；18日，1个1，19个0.7，加上中缝10个0.2，之和除以30，结果计算是0.54333；30日，1个1，15个0.7，加上中缝8个0.2，之和除以24，结果计算是0.54583。

则7月份的广告版位倾向系数是以上三个随机日期的倾向系数的平均数，计算结果是

0.51543。

表 3－9 2002 年 6 月

	1	2	3	4	5	6	7	8	9	10	11	12	13	14	15	16
6 月 5 日	0	0.1875	0.25	0.3125	0.015625	0.625	0.46875	0.453125	0.375	0.0625	0.4375	1	0.4375	0.4375	0.4375	0.46875
6 月 11 日	0.015625	0.1875	0.4375	0.5	0.1875	0.125	0.25	0.03125	0.015625	0.03125	0.5	1	0.5	0.53125	0.46875	0.4375
6 月 22 日	0.015625	0	0.0625	0	0.4375	0.125	0.015625	0.03125								

同理可求 6 月份平均的广告版面比是：0.28140。

6 月的广告版位倾向系数：5 日，15 个 0.7，加上中缝 8 个 0.2，之和除以 23，结果计算是 0.52609；11 日，1 个 1，15 个 0.7，加上中缝 8 个 0.2，之和除以 24，结果计算是 0.54583；22 日，1 个 1，5 个 0.7，加上中缝 4 个 0.2，之和除以 10，结果计算是 0.53。

则 6 月份的广告版位倾向系数是以上三个随机日期的倾向系数的平均数，计算结果是 0.53397。

表 3－10 2002 年 5 月

	1	2	3	4	5	6	7	8	9	10	11	12	13	14	15	16	17	18	19	20
5 月 7 日	0.015625	0.0625	0.5	0.5																

续表

	1	2	3	4	5	6	7	8	9	10	11	12	13	14	15	16	17	18	19	20
5月14日	0.015625	0.0625	0.25	0.5	0.25	0.125	0.125	0.25	0.4375	0.5	0.4375	0.1875	0.5	0.25	0.5	0.5				
5月23日	0	0	0	0.75	0.5	0.5	0.375	0.5	0.1875	0.375	0	0.4375	0.5	0.25	0.4375	1	1	0	1	1

同理可求5月份平均的广告版面比是：0.35027。

5月的广告版位倾向系数：7日，1个1，3个0.7，加上中缝2个0.2，之和除以6，结果计算是0.58333；14日，1个1，15个0.7，加上中缝8个0.2，之和除以24，结果计算是0.54583；23日，15个0.7，加上中缝10个0.2，之和除以24，结果计算是0.52083。

则5月份的广告版位倾向系数是以上三个随机日期的倾向系数的平均数，计算结果是0.55000。

表3－11 2002年4月

	1	2	3	4	5	6	7	8	9	10	11	12	13	14	15	16
4月6日	0	0	0.125	0.03125	0.03125	0.125	0.0625	0.0625								
4月14日	0	0	0.0625	0.03125	0	0.125	0	0.015625								
4月24日	0.015625	0.03125	0.1875	0.5	0.5	0.5	0.4375	0.4375	0.03125	0.4375	0.5	1	0.4375	0.4375	0.625	0.4375

同理可求4月份平均的广告版面比是：0.20419。

4月的广告版位倾向系数：6日，6个0.7，加上中缝4个0.2，之和除以10，结果计算是0.5；14日，4个0.7，加上中缝4个0.2，之和除以8，结果计算是0.45；24日，1个1，15个0.7，加上中缝8个0.2，之和除以24，结果计算是0.54583。

则4月份的广告版位倾向系数是以上三个随机日期的倾向系数的平均数，计算结果是0.49861。

表3－12 2002年3月

	1	2	3	4	5	6	7	8	9	10	11	12	13	14	15	16
3月9日	0.015625	0	0.015625	0.015625	0	0.015625	0.015625	0								
3月13日	0.015625	0.2	0.125	0	0.4	0.1	0.1	0.4375	0.03125	0.4	0	1	0.125	0.4	0.4	0.4
3月19日	0.015625	0	0.28125	0.40625	0.2	0.03125	0.015625	0.3	0.015625	0.0625	0	1	0.03125	0.4	0.3125	0

同理可求3月份平均的广告版面比是：0.16862。

3月的广告版位倾向系数：9日，1个1，3个0.7，加上中缝2个0.2，之和除以6，结果计算是0.58333；13日，1个1，13个0.7，加上中缝8个0.2，之和除以22，结果计算是0.53182；19日，1个1，12个0.7，加上中缝8个0.2，之和除以21，结果计算是0.52380。

则3月份的广告版位倾向系数是以上三个随机日期的倾向系数的平均数，计算结果是0.54632。

表 3－13　　2002 年 2 月

	1	2	3	4	5	6	7	8	9	10	11	12	13	14	15	16
2 月 8 日	0	0	0	0.5	0.5	0.125	0.0625	0.125	0	0.0625	0	0	0.1875	0.5	0	0.3333
2 月 13 日	0	0	0	0.125												
2 月 27 日	0.0625	0.125	0.1875	0	0.03125	0.125	0.0625	0.015625	0	0.4375	0.375	0.125	0	0.4375	0.4375	0.03125

同理可求 2 月份平均的广告版面比是：0.12689。

2 月的广告版位倾向系数：8 日，9 个 0.7，加上中缝 8 个 0.2，之和除以 17，结果计算是 0.46470；13 日，1 个 0.7，加上中缝 2 个 0.2，之和除以 3，结果计算是 0.36667；27 日，1 个 1，12 个 0.7，加上中缝 8 个 0.2，之和除以 21，结果计算是 0.52381。

则 2 月份的广告版位倾向系数是以上三个随机日期的倾向系数的平均数，计算结果是 0.45173。

表 3－14　　2002 年 1 月

	1	2	3	4	5	6	7	8	9	10	11	12	13	14	15	16
1 月 8 日	0	0.1875	0.5	0.0625	0.5	0.375	0	0.25	0.25	0.09375	0.125	1	0.25	0.1875	0.4375	0.625
1 月 14 日	0	0.1875	0.09375	0.5	0	0	0.015625	0	0	0.3125	0.1875	1	0.3125	0.4375	0.1875	0.3125

续表

	1	2	3	4	5	6	7	8	9	10	11	12	13	14	15	16
1月23日	0	0	0.5	0.4375	0.25	0.4375	0.5	0.25	0.015625	0.1875	0.2	0.5	0.2	0.5	0.375	1

同理可求1月份平均的广告版面比是：0.26843。

1月的广告版位倾向系数：8日，14个0.7，加上中缝8个0.2，之和除以22，结果计算是0.51818；14日，11个0.7，加上中缝8个0.2，之和除以19，结果计算是0.48947；23日，14个0.7，加上中缝8个0.2，之和除以22，结果计算是0.51818。

则1月份的广告版位倾向系数是以上三个随机日期的倾向系数的平均数，计算结果是0.50861。

表3-15 2001年12月

	1	2	3	4	5	6	7	8	9	10	11	12	13	14	15	16
12月3日	0.25	0.25	0.75	0.375	0.375	0.125	0.5	0	0.03125	0.5	0.375	1	0.25	0.375	0.5	0.5
12月5日	0.125	0.375	0.375	0.03125	0.25	0.375	0.5	0.25	0.015625	0.5	0.5	1	0.5	0.5	0.5	0.375
12月10日	0.375	0.03125	0.25	0.375	0.5	0	0.25	0.5	0.015625	0.375	0.375	1	0.5	0.5	0.25	0.125

同理可求 12 月份平均的广告版面比是：0.34668。

12 月的广告版位倾向系数：3 日，1 个 1，14 个 0.7，加上中缝 8 个 0.2，之和除以 23，结果计算是 0.53913；5 日，1 个 1，15 个 0.7，加上中缝 8 个 0.2，之和除以 24，结果计算是 0.54583；10 日，1 个 1，14 个 0.7，加上中缝 8 个 0.2，之和除以 23，结果计算是 0.53913。

则 12 月份的广告版位倾向系数是以上三个随机日期的倾向系数的平均数，计算结果是 0.54136。

注：

1. 表格中行是月内的某期报纸，列是该期内各个版位上刊登广告的面积（占一版的比例）。

2. 该日报每期的版数有 8 版、16 版、20 版、24 版等，16 版占绝大多数，平均每期版数也是 16。

3. 中缝的问题：该日报每期的中缝里一般均刊登广告，一条中缝广告面积一般是一版的 0.13333 倍。中缝数为报纸版数的 0.5（如一期有 16 版，则每期的中缝有 8 个）。由于中缝刊登广告的情况都一样，故在以上的表格中没有体现，但应用于公式的时候应计算在内。由于中缝的存在，在应用公式时，每期的版位要做增加调整（如一期有 16 版，则加上 8 个中缝的面积，媒体的总版数就是 17.06667 版；一期是 8 版，总版数就是 8.53333 版）。